古代美術史研究

三編：書法研究專輯

第 **10** 冊

徐渭書法研究（下）

賈 硯 農 著

花木蘭文化事業有限公司

國家圖書館出版品預行編目資料

徐渭書法研究（下）／賈硯農 著 — 初版 — 新北市：花木蘭
文化事業有限公司，2018〔民 107〕
目 4+184 面；19×26 公分
（古代美術史研究 三編：第 10 冊）
ISBN 978-986-485-435-6（精裝）
1.（明）徐渭 2. 學術思想 3. 書法
618   107002329

ISBN-978-986-485-435-6

9 789864 854356

古代美術史研究
三 編 第 十 冊   ISBN：978-986-485-435-6

徐渭書法研究（下）

作　　者　賈硯農
總 編 輯　杜潔祥
副總編輯　楊嘉樂
編　　輯　許郁翎、王筑　美術編輯　陳逸婷
出　　版　花木蘭文化事業有限公司
發 行 人　高小娟
聯絡地址　235 新北市中和區中安街七二號十三樓
　　　　　電話：02-2923-1455／傳眞：02-2923-1452
網　　址　http://www.huamulan.tw 信箱 hml810518@gmail.com
印　　刷　普羅文化出版廣告事業
初　　版　2018 年 3 月
全書字數　232417 字
定　　價　三編 20 冊（精裝）台幣 60,000 元

徐渭書法研究（下）

賈硯農　著

目

次

第四章　徐渭書畫風格「影蔽」問題研究

　　在書法史研究過程中，作品歸宿出現問題不是什麼新鮮的事物，如《古詩四帖》是否爲張旭所書？《冠軍貼》是張芝的嗎？甚至懷素的《自敍帖》也受到質疑，因爲臺灣學者傅申先生近年發現三種非常相似的《自敍帖》版本（部份爲殘本），使其眞僞問題變得更加撲朔迷離。如果說這是由於年代久遠作品留存太少，標準件難求造成的隔閡，那麼筆者在研究徐渭書法的過程中發現，徐渭的所謂「標準件」並不少，專家們對《青天歌卷》眞僞的爭論，已經不是作品本身的眞僞問題，而是對徐渭書法風格的認識出現了分歧。今天署名徐渭的書畫作品，據《中國古代書畫圖目》統計，即便是在國內各大博物館的藏品，其數量已經超過百件，既然有這麼多作品存世，並且在大家都以爲很清楚徐渭書畫是什麼風格的情況下引發的爭議，就顯得尤其不可思議。

第一節　《青天歌卷》眞僞之爭，凸顯徐渭書法風格「影蔽」問題

　　《青天歌卷》1966 年出土於江蘇吳縣甪直鎮清人曹澄墓，其後入藏蘇州博物館，1978 年由《藝苑掇英》雜誌創刊號發表〔註 1〕。就此卷眞僞而言，蘇州博物館沒有發表官方言論，應該也是當作重要文物收藏的。上海人民出版社於 1978 年還出版了由林散之先生題簽的《明徐渭青天歌卷》冊頁（圖 4-1），顯然是當作眞跡出版的。公開發表相反觀點的，一位是故宮博物院研究員徐邦達先生，另一位是上海博物館研究員鄭爲先生。他們都是國家文物鑒定委員會委員，是國內古書畫鑒定權威。

〔註 1〕〔清〕徐渭《行草〈青天歌〉長卷》，見《藝苑掇英》總第一期，上海人民美術出版社 1978，第 35～46 頁；總第二期，35～43 頁。

圖 4-1　蘇州博物館藏《青天歌卷》首、尾部份（疑偽）　　丘處機《青天歌》：
青天莫起浮雲障，雲起青天遮萬象。萬象森羅鎮百邪，光明不顯邪魔旺。
我初開廓天地清，萬戶千門歌太平。有時一片黑雲起，九竅百骸俱不寧。
是以長教慧風烈，三界十方飄蕩澈。雲散虛空體自真，自然現出家家月。
月下方堪把笛吹，一聲響亮振華夷。驚起東方玉童子，倒騎白鹿如星馳。
逡巡別轉一般樂，也非笙兮也非角。三尺雲璈十二徽，歷劫年中混元所。
玉韻琅琅絕鄭音，輕清遍貫達人心。我從一得鬼神輔，入地上天超古今。
縱橫自在無拘束，必不貪榮身不辱。閒唱壺中白雪歌，靜調世外陽春曲。
我家此曲皆自然，管無孔兮琴無弦。得來驚覺浮生夢，晝夜清音滿洞天。

　　徐先生在 1979 年第 2 期《故宮博物院院刊》上發表《談古書畫鑒別》一文中，以反面教材的口吻言及《青天歌卷》書法的諸多拙劣之處。緊接著鄭先生就在 1980 年第 12 期《文物》發表《徐渭〈青天歌卷〉的眞僞問題》，列舉了很多類似風格的作品，持反對意見，認爲此作應屬徐渭早年作品。此後，徐先生在 1981 年《故宮博物院院刊》第 4 期上，發表題爲《再論徐渭〈青天歌卷〉的眞僞》一文〔註 2〕，列舉了大量徐渭「精品」，依舊維持原先觀點與鄭先生「商榷」；鄭先生並不買帳，恕不同意徐先生的觀點，他在 1989 年 10 月主編出版的《徐渭》書畫集（浙江人民美術出版社）中，非但收錄著《青天歌卷》（第 33 號作品）；而且還在書冊開卷的綜論中說：近年發現的《青天歌卷》，是徐渭早年的一件作品，字裏行間還依稀可辨這些大家（指徐渭取法張旭、懷素、黃庭堅、米芾等）的面目痕跡。

　　當然，持肯定意見的並不僅僅是鄭爲先生一人，劉拓濤先生在 1979 年第三期（香港）《書譜》雜誌上，以《徐渭〈青天歌〉草書卷》爲題，肯定《青天歌》爲徐渭眞跡，並且說「是徐書中最爲恣肆奇倔的」，「這件作品，如果說是超越了明代一般草書的水準（祝允明的草書意趣橫生，極受推崇，但間有失筆），相信不會過份。」〔註3〕1989 年出版的劉正成主編的《中國書法鑒賞大辭典》〔註4〕也把這卷東西作爲「精品」鑒賞。葛鴻楨在《榮寶齋畫譜古代部份・十七 徐渭花鳥》中，寫了專題論文《瘋狂的天才 天才的瘋狂——簡論徐渭其人其藝》一文中，還特別提出：

　　　　更引人注目的是他的行草《青天歌卷》。此卷長數丈，一氣呵成。字跡大小懸殊，參差錯落，小字如石卵，提筆用毫尖劃出，一行多至七八字連綿不斷，流暢虯結有山谷、懷素遺風；大字頂天立地，似小筆按至筆根破鋒橫掃飛刷而成，有米芾氣魄，又不全是米。通篇不拘成規，隨字取勢，一瀉千里，常常出人意外，亂頭粗服，不計工拙，甚至醜怪之極，完全是一卷瘋狂的心畫。這裡故意地反秩序、反常規、反協調、反和諧，顯示出一種憤世嫉俗的強烈情緒。〔註5〕

〔註 2〕見國家文物鑒定委員會編《文物鑒賞叢書》書畫（一），文物出版社 1994，第 172～192 頁。
〔註 3〕《書譜》雜誌（香港）1979/3，第 60～63 頁。
〔註 4〕劉正成主編《中國書法鑒賞大辭典》，大地出版社 1989。
〔註 5〕葛鴻楨《瘋狂的天才 天才的瘋狂——簡論徐渭其人其藝》，見《榮寶齋畫譜古代部份・十七 徐渭花鳥》，榮寶齋出版社 1998。

　　葛先生對徐渭的理解可以說代表了相當一部份人的意見，葛先生還在文中總結說：「徐渭的書法或許給人誤解為缺乏功底的借瘋發作。恰恰相反，正因為他既具備紮實的根基，加上瘋狂的個性，才使他的書法更具備特殊的風神。」

　　持否定意見的人，也不在少數。1999年上海人民美術出版社出版的《徐渭墨蹟大觀》就沒有收錄《青天歌卷》，編者過大江在前言中說：「這一本《徐渭墨蹟大觀》是筆者幾十年苦心搜集的成果，其中包括解放前出版，現已難得一見的作品與《徐渭集》中未收入的作品。」〔註6〕雖然沒有明說《青天歌卷》的真偽，但漠視也是一種態度。徐、鄭之爭，作者不會不知道。2004年出版的王乃棟《中國書法墨蹟鑒定圖典》對徐渭《青天歌》長卷表示存疑。〔註7〕2010年劉正成主編《中國書法全集53徐渭》的出版，他撰寫的《徐渭年表》與《徐渭書法評傳》隻字未提《青天歌卷》〔註8〕，圖版當然也沒有收錄。他可能與主編《中國書法鑒賞大辭典》時候的觀點有所變化，當然也可能大辭典僅僅代表執筆人的觀點。從書法史研究的角度來看，最具前沿的書法史學著作，江蘇教育出版社的七卷本《中國書法史》（元明卷）作者吾師黃惇先生，他也持反對意見。

　　《青天歌卷》這種激烈的真偽之爭，究其最根本的原因，就是徐渭書法「標準件」之爭，要想解決這一分歧，就勢必要找出幾件代表作來，因為《青天歌卷》的書法水平實在不算高明，鄭先生以為是徐渭的風格，其舉例用以證明的「標準件」，自然會有類似的作品。〔註9〕而徐先生以為「庸俗」、「拙劣」，當偽，〔註10〕但徐先生所舉之「標準件」也難以服人，所以才會有不同的聲音。這種沒有結果的討論使我們清楚地認識到，徐渭書法風格被贗品「影蔽」的事實。

　　如果這件作品非常類似所謂的徐渭風格，即使有優劣之別，也不至於影響到人們對徐渭書法整體形象的認識。在大家似乎都有一雙「火眼金睛」，都很清楚徐渭書畫「真實」風格的情況下，出現這麼大的分歧，就顯得很不可思議了，這次爭論表明，有一個巨大的謎團尚待揭開。

〔註6〕過大江編《徐渭墨蹟大觀》，上海人民美術出版社1999。

〔註7〕王乃棟《中國書法墨蹟鑒定圖典》，文物出版社2004，第300頁。

〔註8〕劉正成主編《中國書法全集53徐渭》，榮寶齋出版社2010。

〔註9〕鄭為《徐渭〈青天歌卷〉的真偽問題》，《文物》1980/12。

〔註10〕參見徐邦達撰《再論徐渭書〈青天歌卷〉的真偽》，《故宮博物院院刊》1981/4。

　　徐邦達先生是 1983〜1989 年國家「中國古代書畫鑒定組」成員之一，與劉九庵、謝稚柳、啓功、傅熹年等諸位先生一同過目了很多中國古代書畫作品，可以說徐邦達先生的文章，從一定程度上代表了徐渭書畫眞偽鑒定研究的現狀。劉九庵先生也是素以嚴謹著稱的鑒定家之一，他編寫的《宋元明清書畫家傳世作品年表》，也可以說是對上述五人鑒定組過目的《中國古代書畫圖目》的精選與補充，他在年表的《前言》中說：

　　　　書畫鑒定當以目鑒爲準，輔以必要的考據。故本書所收傳世書畫作品，大多數作爲本人目鑒爲眞跡者，擇其有記年精要者和書畫家早期及晚期罕見者欄入。〔註11〕

　　不限於《中國古代書畫圖目》，該年表共收十五幅「徐渭」的書畫作品，如果從書法風格上來看，也不盡相同。以送給史甥的《花卉卷》爲例，劉先生就收了兩幅（見第四章第二節個案舉例之五），它們書寫時間接近，但書法風格卻不同，根本不是出自同一人手筆。如果說這些鑒定家們在徐渭書法風格的辨認上還存有誤區的話，那麼在今存署名徐渭的作品中贗品的數量又將占到幾成呢？

　　徐渭書畫的眞偽，也有學者寫過文章，如楊臣彬先生研究說：「紹興地區有專門偽造徐渭與陳洪綬字畫。」〔註12〕其文中就《餘生子冊》（圖 4-2）的署名方式與書法風格等提出了質疑。徐建融先生研究說：「徐渭的名頭既大……傳世贗品遠超過唐寅。」〔註13〕楊仁凱先生研究說：「張大千仿徐渭的作品也很多，有字也有畫。……屢見各地有多件大千仿徐渭的《「半生落魄已成翁」七言詩》軸。」〔註14〕楊先生舉例 3 件，包括仿自榮寶齋《捧讀》詩稿的《徐渭墨戲山水人物畫》和《舜跡禹書》七言聯，還有模仿故宮博物院《墨葡萄》軸題畫詩的書法立軸作品（圖 4-3）。筆者就其舉例的張大千仿《徐渭墨戲山水人物畫》（圖 4-4）曾請教於他，他說是引用別人的材料。

〔註11〕劉九庵《宋元明清書畫家傳世作品年表》，上海書畫 1997。
〔註12〕楊臣彬《談明代書畫作偽》，見《文物》1990/8。
〔註13〕徐建融《明代書畫鑒定與藝術市場》，上海書店出版社 1997，第 36 頁。
〔註14〕楊仁凱《中國書畫鑒定學稿》，遼海出版社 2000，第 204 頁。

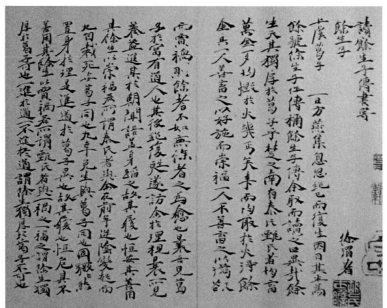
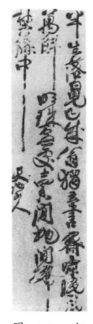

圖 4-2　故宮博物院藏《餘生子冊》（疑僞）　　圖 4-3　行草《葡萄詩》軸（疑僞）

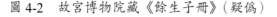

　　2006 年筆者在澳門參加《乾坤清氣——青藤白陽書畫學術研討會》期間請教傅申先生，他說《徐渭墨戲山水人物畫》是張大千的仿品，這一觀點是他提出來的，但並沒有直接的證據，只是借助於自己對張大千繪畫多年研究的經驗，並結合此畫用筆的特點提出了自己看法。筆者後來發現，此畫後面有一段題跋，是仿自榮寶齋藏徐渭《捧讀》詩稿手卷（圖 4-5），而此手卷還被張大千收藏過，因此，筆者同意傅申先生的觀點。傅先生還說了另一件《菊花圖》，他也認爲是張大千仿品（圖 4-6）。此外，筆者還發現多件仿自榮寶齋藏《捧讀》詩稿的作品，如僞聯 4 件（圖 4-7），還有瑞典斯德哥爾摩博物館藏《贈龍翁圖軸》（圖 4-8）等。〔註15〕

　　很多專家也都認爲徐渭贗品數量很多，但被鑒定爲贗品並公之於眾的數量卻很少，也可能是因爲很多贗品惡劣，毫無研究價值所致。如果說書法的研究有助於判斷繪畫作品的眞僞的話，對題畫書法的鑒定就是繪畫作品鑒定的重要組成部份。所以，書與畫研究的互補，更有利於我們研究的深入。

〔註15〕參見貴硯農《徐渭書畫辯僞——〈詩稿〉與僞作》，《收藏家》2003/11。

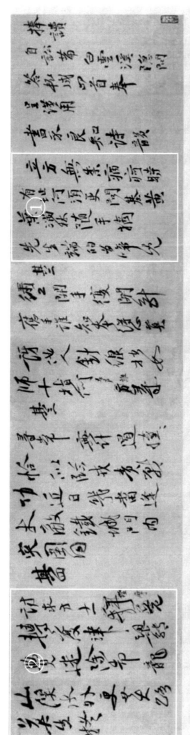
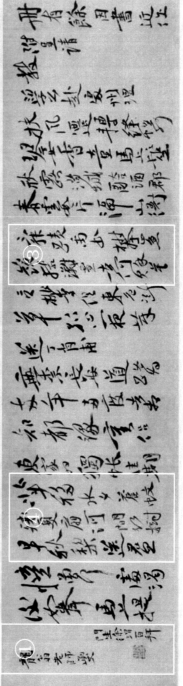

圖 4-5 榮寶齋藏徐渭《捧讀》詩稿手卷（真）被仿段落

圖 4-4　仿自《捧讀》詩稿的《徐渭墨戲山水人物畫》（疑偽）。傅申通過畫面的用筆特點認爲是張大千仿徐渭。

圖 4-6　傅申認爲張大千仿徐渭的《菊花圖》（疑偽）

圖 4-7　仿自《捧讀》詩稿的 4 幅僞聯（疑偽）

　　有鑒於《青天歌卷》所引起的書法風格問題，並沒有得以眞正解決，所以，本文在文獻綜述部份沒有詳細介紹目前徐渭書畫研究的論文對此問題深入的程度，就是因爲除筆者發表的部份論文以外，尚沒有一本專著或一篇論文涉及這一層面的問題。如果從文獻到文獻，或不辨眞贋都納入考察的範圍來研究徐渭的書畫藝術，其推論難免出現一些偏頗或與事實不符。因此，本文從徐渭書畫接受過程與眞偽考辨的角度對其歷史遺留問題作深入的考察，將有助於解決徐渭書法風格以及繪畫風格的「影蔽」問題。

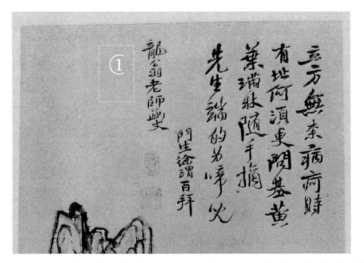

圖 4-8　仿自《捧讀》詩稿的瑞典斯德哥爾摩博物館藏《贈龍翁圖軸》（疑偽）

第二節　徐渭書畫「影蔽」種種：今存疑偽作品例析

通過第二章第二節對徐渭書畫眞品的梳理，我們已經可以看到一種迴異於《青天歌卷》眞偽之爭中所列舉的大部份所謂的眞跡。這些作品，不管從書畫的自身水準來考量，還是與萬曆《紹興府志》和袁宏道、陶望齡所寫的《徐文長傳》中所描述的徐渭風格相比較都非常吻合。從徐渭眞跡作品中，可以感受到徐渭的一舉一動，一個短撇、一根長橫；或者一個壓扁的「之」字；一根藤蔓、一片水墨等等，都能體會到其鮮明的個性特色。

問題是，即便這些作品是眞的，也不能直接證明其他就是假的，每個人在不同時期、不同狀態下，其書法和繪畫，都可能會有不同的表現，甚至有較大的區別，正如《青天歌卷》發生眞偽之爭的背景一樣，誰也說服不了誰。但是，也絕不是不可以通過風格與水平來鑒定作品眞偽。凡有一定的鑒賞能力的，沒有人會把「宋四家」蘇、黃、米、蔡的字相混，也不會分不清歐、虞、褚的楷書。這就是說，書家的個性特點還是有跡可尋的，對於具有個人風格的名家書畫尤其是這樣。

我們今天可以看到署名徐渭的書畫作品有 200 多幅（筆者 2004 年做碩士論文時，統計署名徐渭書法作品 99 件，繪畫作品 108 件，現今又發現了不少於 30 幅左右當時未統計作品），如果加上拍賣會作品就要突破 600 幅（筆者不完全統計 1995 年 5 月至 2011 年 3 月雅昌網統計的拍賣會作品，去掉部份重

複的，約有 380 多件），即便如此，我們也沒有必要把其他所有署名徐渭的作品都拿來討論，筆者將選取其中有典型意義的作品來進行辨僞，大致可以從中看出僞風格的類型，以及徐渭書畫「影蔽」問題的嚴重性。

在判斷眞贗的過程中，標準件選取的不同，就會推論出不同的結論。這裡以筆者主觀認識選取的標準件，當然會得出自己預期的結果。如果純粹以作品水準的高低來作爲判斷的標準，也會對部份作品產生偏見，因爲在鑒賞的過程中，存在一個見仁見智的問題。因此，筆者主要還是結合文獻求證，從多種角度來發現「硬傷」進行綜合考察，或許正是作僞者對這些細節問題未能照顧周全，爲我們破案留下了蛛絲馬蹟。具體例析如下：

一、《春興詩》冊考辨

紹興市博物館藏《春興詩》冊（圖 4-9）。紙本，縱 24.5 釐米，橫 13.8 釐米，十六開，行草書。

一般認爲《春興詩》冊是徐渭書法代表作之一，也有人認爲是代筆人的舊抄。但對其中署款時間有誤，書寫地點的蹊蹺，及文辭訛亂、書法水準較差等問題，都不能作出合理的解釋。此作今存《徐文長三集》卷七收有《春興》八首原文：

> 《春興》紫洪筍絕佳
>
> 好景蹉跎知幾回，今春商略紫洪隈。固應帶插挑深筍，兼好提尊饊落梅。
>
> 雙寒百錢苦難辨，片槳孤舟蕩莫催。見說山家兜子軟，借穿峰頂晚霞堆。
>
> 乾坤瞬息雪邊風，萬事陰晴雨後虹。已分屠門齋後斷，只難酒盞座前空。
>
> 半緝榆莢求書客，數點梅花換米翁。小飲牆西鄰竹暗，鼹鼮對對語春叢。
>
> 二月四日吾巳降，攝提尚復指蒼龍。當時小祿慈闈繡，連歲寒衣鄰母縫。
>
> 一股蟲屁忙萬蟻，百須花粉亂千蜂。自憐伯玉知非晚，除卻樽罍事事慵。

　　李白桃紅照眼明，蘭風梨雪逼人清。一枝帶蕊憑吾折，雙蝶隨風
各自爭。

　　粉翅撲衣猶可耐，墨針穿帽此何黥。因思花草猶難掇，卻悔從前
受一經。

　　七旬過二是今年，垂老無孫守墓田。半畝稻秧空餓鹿，兩株松樹
罷啼鵑。松爲盜砍

　　悲來辛巳初生日，哭向清明細雨天。忽撚柳枝翻一笑，笑儂元是
老婆禪。

　　昨冬不寐苦夜永，此月新弦喜畫長。柳色未黃寒食過，槐芽初綠
冷淘香。

　　西池蝌蚪愁將動，北地秋韆影不忘。描寫姬姜三百句，白魚偎飽
小巾箱。

　　舊聞秋韆，在臨濟賦詩數十首，幾三百句。

　　胡烽信報收秦塞，夷警妖傳自贛州。十萬樓船指甌越，結交鄰國
且琉球。

　　不臣趙尉終辭帝，自王田橫怕拜侯。幾島彈丸髡頂物，敢驚沙上
一浮鷗。

　　孟光久矣掩泉臺，海口新阡此再開。暖色一天霞影入，寒潮萬里
雪山來。

　　迢迢支瓏何方發，個個曾楊著處猜。急買松秧三百本，高陰元仗
拂雲材。〔註16〕

通過與墨蹟比較分析，可以發現《春興詩》冊的諸多問題：

1、署款時間問題——「辛卯」難為「壬辰」詩歌

《春興詩》冊的署款時間是「萬曆辛卯春（71 歲）」，與詩歌中的「七旬過
二是今年」相矛盾。是否爲年齡推算方法有出入？徐渭自著《畸譜》〔註17〕所用
紀年的方法，應該是徐渭自己計算年歲的方法，即出生年爲一歲，過了年就是兩
歲，如「五十六歲，……是年爲丙子。」「六十一歲，是年爲辛巳，予周一甲子
矣。」萬曆辛卯當然是七十一歲了。很多專家也發現了這一問題，但都沒有作出
令人滿意的解釋。此冊是徐崙解放後得於市間的，他在其著《徐文長》中說：

〔註16〕〔明〕徐渭《徐文長三集》卷七，《徐渭集》，第 261 頁。
〔註17〕〔明〕徐渭《徐渭集》附錄，第 1325 頁。

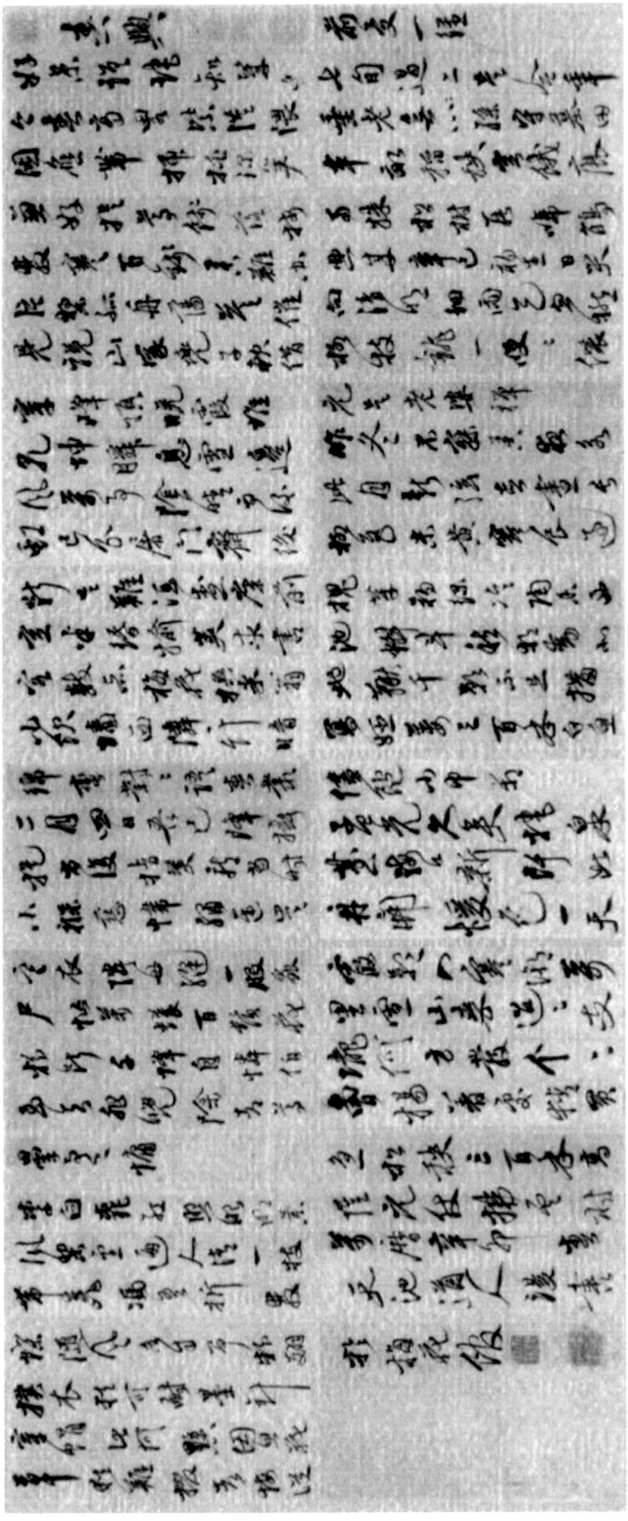

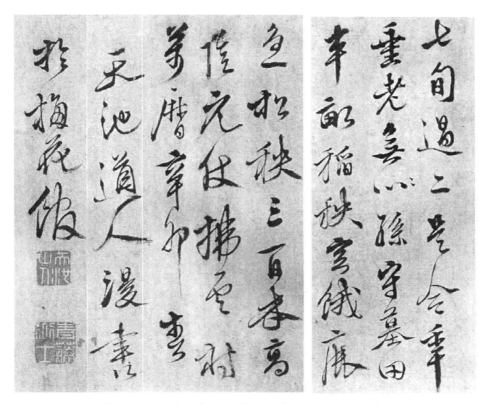

圖 4-9　紹興市博物館藏《春興詩》冊（疑偽）

徐文長在舊曆二月四日過七十二歲誕辰時，寫《春興》七首。

徐文長的《春興》詩，據他手寫冊頁共有七首。另一首是次年之作，卻在刻印時被編者混在一起了。〔註18〕

徐崙的觀點是《春興》七首寫於七十二歲誕辰時。他雖相信墨蹟，但並沒有解釋七十二歲誕辰（萬曆二十年壬辰），爲何書款是「辛卯」這種明顯的錯誤。從七首詩歌的內容看，雖有描寫「雪邊風」等初春之景，但更多的是「李白桃紅」、「蘭風梨雪」、「雙蝶隨風各自爭」的醡春之景，其中「柳色未黃寒食過」，更明確地告訴我們是三月前後了。如果僅僅根據兩次提及生日，就得出七首全是寫於「誕辰時」的結論，根據是不充分的。徐崙還認爲「胡烽」一首是「次年之作」，即七十三歲所寫，或許不是一時所作，也是值得商榷的。

〔註18〕徐崙《徐文長》，上海人民出版社 1962，第 209 頁。

梁一成著《徐渭的文學與藝術》附錄《徐渭年譜》，把《春興詩》冊排在壬辰年：「二月四日七十二歲誕辰，作春興詩七律」〔註19〕，不知是否受了徐崙觀點的影響。

徐朔方在其著《徐渭年譜》中寫道：

> 今紹興徐氏紀念館藏墨蹟，諸詩無自注文字，缺第七首，末署「萬曆辛卯春，天池道人漫書於梅花館」。辛卯，道人七十一歲，與「七旬過二是今年」不合。第七首記時事，絕不可能作於辛卯。各詩作年不一，合而為一，故有此參差。〔註20〕

他還對「第七首」未收作品，作了寫於壬辰年（萬曆二十年）的解釋：

> 其七云：「胡烽信報收秦塞，夷警妖傳自贛州。十萬樓船指甌越，結交鄰國且琉球。」首句指今年三月寧夏致仕副總兵哱拜殺巡撫都御史黨馨據城反，九月平。寧夏原為秦塞。次句，（萬曆）十七年四月，「始興妖僧李圓朗作亂犯南雄，有司討誅之。」以上見《明史·神宗本紀》。南雄與贛州接壤。李氏雖被殺，餘眾或至本年猶未散。三句指本年五月，日本陷朝鮮王城，明朝出師援之。見同書。《明史》卷三二三《琉球傳》云：「（萬曆）十九年，遣使來貢。而（琉球王）尚永隨卒。禮官以日本方侵噬鄰境，琉球不可無王，乞令世子速請襲封，用資鎮壓，從之。」窮老猶以國事為念。〔註21〕

對於「第七首」未收作品，徐朔方與徐崙觀點不同，認為是七十二歲時作，但對於此冊中的「辛卯，道人七十一歲，與『七旬過二是今年』不合」的問題，徐朔方則並未解釋清楚，即使「各詩作年不一」，也不可能在七十一歲時寫出「七旬過二是今年」的詩句來。

李德仁著《徐渭》也把《春興詩》冊繫於壬辰年二月四日，而對「胡烽」的看法同徐朔方，但對《春興詩》冊中的矛盾處未作分析。〔註22〕

駱玉明、賀聖遂合著《徐文長評傳》，也認為《春興》八首（沒有提及《春興詩》冊）作於壬辰年「二月四日」誕辰時，筆者雖然不同意他們也把詩歌作於誕辰日的觀點，但非常贊同他們對《春興詩》冊未收的「胡烽」一首的分析：

〔註19〕梁一成《徐渭的文學與藝術》，臺北藝文印書館民國六十六年，第144頁。
〔註20〕徐朔方《晚明曲家年譜》第2卷，浙江古籍出版社1993，第193頁。
〔註21〕徐朔方《晚明曲家年譜》第2卷，浙江古籍出版社1993，第192頁。
〔註22〕李德仁《徐渭》（明清中國畫大師研究叢書），吉林美術出版社1997，第351頁。

「胡烽」指前一年冬蒙古軍入侵榆林、延綏事。《明史・神宗本紀》載，萬曆十九年十二月，「河套部敵犯榆林、延綏，總兵官杜桐敗之。」並見《明史・杜桐傳》。「夷警」指謠傳日本將交結琉球國大舉入侵事。《國榷》卷七五載萬曆十九年事，稱：「七月癸未，浙江、福建報日本誘琉球入犯，許國以聞。」又：「十一月丙寅，朝鮮國王李昖報，五月有僧云：日本平秀吉並六十餘州，琉球、南蠻皆服，期明年三月相犯。」可知萬曆十九、二十年之間關於日本謀劃入侵中國的傳說很多。詩中「甌越」指浙閩廣沿海，所以「妖傳」自贛州而來。但這場戰事並未發生，而是在下一年（萬曆二十一年）春發生了日本侵入朝鮮的戰爭，看來謠傳並非無據，惟事實有誤。

從這首詩我們看到徐渭的心中仍然洋溢著報國的熱情。〔註23〕

這種解讀，與徐朔方有所不同，照此推測，《春興》八首的最後完成時間，就不會推遲到壬辰五月以後而更合乎情理了。

另，如果徐渭第一年春天寫了七首，也不見得非要在第二年再補上第八首，如《徐文長三集》卷十一中就收有《燕京歌》七首、卷七收有《香煙》七首等，有何不可呢？從書寫順序來看，墨蹟與文集中《春興》八首各詩的排列順序完全一致；從各首內容來看，也未見有何特別之處。如果《春興》八首的第七首晚於其他七首，那麼，文集爲何不把這一首排在最後，而偏偏又要排在第七首呢？這些問題雖然都有偶然性，但也不妨作爲參考。

單國強在《徐渭精品畫集》附錄《徐渭年表》中，把《春興詩》冊列在壬辰年，沒有交代原因。〔註24〕

2000 年第 8 期《東南文化》劉侃撰文《明徐渭〈春興詩〉冊辨析》，對是冊提出質疑，但其結論是《春興詩》冊書法水平不及徐渭，是因爲代筆人模仿徐渭所至。而引起文字等錯誤的原因，是因爲代筆人對詩文不熟悉造成的失誤。這一結論同樣不能令人信服（代筆人問題在下文辨析）。

只有劉九庵在其編著的《宋元明清書畫家傳世作品年表》〔註25〕中，把徐渭《春興詩》冊繫於萬曆辛卯年春，可能是因爲沒有細讀詩歌內容所至。

〔註23〕駱玉明、賀聖遂《徐文長評傳》，浙江古籍出版社 1987，第 209 頁。
〔註24〕《徐渭精品畫集》，天津人民美術出版社 2000。附錄第 6 頁。
〔註25〕劉九庵編著《宋元明清書畫家傳世作品年表》，上海書畫出版社 1997。

2、署款地點問題──離開「梅花館」已十年

對於「天池道人漫書於梅花館」的地點問題，更讓人感到蹊蹺。《徐文長三集》卷六收有《乙亥元日雪、酌梅花館三首》，其下自注云：有扁二，日柿葉堂，日葡萄深處，並梅花館，各賦一首。由此可知萬曆三年（1575）徐渭所居之處為梅花館。又考《徐文長三集》卷七收《雪中移居二首》〔註26〕，云：「十度移家四十年，今來移迫莫多天。……只堪醉詠梅花下，其奈杖頭無酒錢。」根據《畸譜》，可以找二十三歲至六十二歲，十度移家的軌跡：

一度，二十三歲，始一遷居俞家舍；

二度，同一年又贅塔子橋婦翁家；

三度，二十四歲，婦翁買東雙橋姚百戶屋；

四度，二十八歲，離開潘家，遷寓一枝堂；

五度，三十二歲，移居目連巷；

六度，三十八歲多，遷住塔子橋；

七度，三十九歲，徙師子街；

八度，四十三歲，移居酬字堂；

九度，六十二歲，仍居目連巷金氏典舍；

十度，六十二歲多，枚決析居，輿枢徙范氏舍。

從四十六歲到六十二歲期間，經歷了入獄近七年的生活，五十三歲才釋歸。從《乙亥元日雪、酌梅花館三首》中的「待予新買屋，自種兩三株」句看，酬字堂已經不復存在，梅花館可能是暫居之所，所以沒有列入「十度移家」之中。《畸譜》記有，萬曆七年，友人李子遂自福建來探視，畫竹贈之。秋，改葬先考及兩室人，移墓於紹興城西南里木柵山〔註27〕。而《徐文長逸稿》卷二十一《與李子遂》〔註28〕信中，也有「又稍治先人之塋」之語，與《畸譜》所言時間相合。其信中還說「近有友人假與一園，稍近水竹，某將就棲其間」，如果此說得到落實，那麼，徐渭應該在萬曆七（1579）年時，就已經離開了梅花館。

〔註26〕〔明〕徐渭《徐文長三集》卷七，《徐渭集》第 291 頁。

〔註27〕周燕兒《紹興發現徐渭撰書墓誌殘石》，《江西文物》1990/3。

〔註28〕〔明〕《徐文長逸稿》卷二十一，《徐渭集》，第 1022 頁。

從《畸譜》可知，因爲「高雪壓瓦轟折椽」〔註29〕，從典舍徙范氏舍後，再也沒有回去，也沒有買得新居，甚至連租借房屋的錢也沒有，而是一直寄居在親家門下。「六十六歲，季春，枳贅王。多，枳徙我自范並寓王」〔註30〕；六十八歲仲春，居後衙池一段時間，孟夏，又回到王家；直到七十三歲還居王家。

也有人認爲「典舍」有可能是「梅花館」。即便如此，從六十二歲離開典舍，到辛卯，也已經離開近十年了，所以《春興詩》冊決不可能書於梅花館。

3、文辭的訛誤問題——「亂」、「斷」錯用，句意相反

與徐渭的文集比較，就會發現，是冊所犯的文辭訛誤也是不容忽視的，如其第三首中：「當時小褓慈闈繡」的「慈闈」寫作「慈幃」，指代父母，是可以的。但「一股蟲屍忙萬蟻，百須花粉亂千蜂」的「亂」，寫作「斷」，則意思完全相反，且文意不通。「萬蟻」爲「蟲屍」而「忙」，「千蜂」因「百花」而「亂」，極其工穩，用「斷」字則是明顯的不通。

第六首中「柳色未黃寒食過，槐芽初綠冷淘香」句中，「淘」寫作「陶」也有問題，「冷淘」指過水面及涼面一類食品。杜甫《槐葉冷淘》寫過：「青青高槐葉，採掇付中廚，新麪來近市，汁滓宛相俱。」〔註31〕陸游《春日雜題》詩有：「佳哉冷淘時，槐芽雜豚肩。」〔註32〕「冷」「陶」連用則意義不明。同一首詩中還有「描寫姬姜三百句」中的「句」，寫成「本」，文集中本首詩下有徐渭自注云：「舊閱秋韀，在臨濟賦詩數十首，幾三百句。」「句」和「本」是不會搞錯的，這顯然是和最後一首「急買松秧三百本」相混。這首詩歌中的「描」字也寫錯，多了一橫，這種明顯的筆誤而不加修正也是不應該的。

4、是否「舊抄」問題——「奉覽」之作，不容疏忽

徐渭在《與鍾天毓》中說：

> 正苦焦渴，蒙惠石㙱甚感慰！《春興》都漫作，奉覽。徒取哂耳。俟當中善抄者來抄寄耳。腕病不勝書也。……寫答了，忽尋封套，得《春興》舊抄奉上。〔註33〕

〔註29〕〔明〕《徐文長三集》卷七，《徐渭集》，第 291 頁。
〔註30〕〔明〕徐渭《畸譜》，《徐渭集》附錄，第 1330 頁。
〔註31〕〔唐〕杜甫《集千家注杜工部詩集》卷十七，文淵閣《四庫全書》本。
〔註32〕〔宋〕陸游《劍南詩稿》卷四十四，文淵閣《四庫全書》本。
〔註33〕〔明〕徐渭《徐文長佚草》卷四，《徐渭集》第 1123 頁。

從「腕病不勝書」與「近日來作春蛇秋蚓，腕幾脫」〔註34〕可知，此時徐渭書寫不便。在善抄者還沒有來時，發現了《春興》舊抄，可見此處所言的「舊抄」，不一定是他抄，也可能是自抄的。他在《與蕭先生》書中說：

> 渭素喜書小楷，頗學鍾王，凡贈人必親染墨。……今試書奉別
> 等五六字，便手戰不能，……因命人代書，其後草者則渭強筆，殊
> 不似往日甚。〔註35〕

其贈人之作，一般是「親染墨」，且特地交待是「頗學鍾王」風格的小楷，又因為生病，迫不得已才「命人代書」，即便如此，還要「強筆」簽名，所以筆者認為，如果把這本《春興詩》冊看作是贈人的作品，與上述習慣並不相符。徐渭《與鍾天毓》中所說的，故友和門生們的愛好，是《春興》「詩」，而不是「書法」，所以，即使有「善抄者」，也未必就要模仿徐渭的書法風格寫如此大字。既然注重詩歌內容，如此醒目的文辭錯訛，並未得到糾正，難道徐渭會置若罔聞而貿然送出，讓人「奉覽」嗎？如果是善抄者書，還要寫上「天池道人漫書」，並且署上早已離開的「梅花館」嗎？所以筆者認為，此件作品同《與鍾天毓》中所說的「舊抄」無關。

5、書法風格問題——「精奇偉傑」，實難相副

判斷書法作品真贋，最直接的判斷標準，是看其書法風格。黃宗羲《思舊錄》載：「史槃，字叔考，徐文長之門人，其書畫刻畫文長，即文長亦不能辨其非己作也。」〔註36〕如果今天流傳的徐渭作品中，混有「文長亦不能辨其非己作也」的書作，從風格與水平的角度看，我們更當無法分辨其真偽了。換句話說，其水平也一定是很好的，如果風格接近，並不會干擾我們判斷徐渭風格。史槃書寫的碑刻作品今存《新建九里山普同塔記》（圖4-10）〔註37〕，「萬曆戊申佛成道日前進士國子祭酒陶望齡拜手篆，會稽史槃書。」這是徐渭去世後第15年所書，從此碑書法來看與徐渭還是有區別的。當然「其書畫刻畫文長」是指向專門模仿才像徐渭，還是指向日常書寫呢？還有待研究。但如上文所論，不管是那種性質的代書，也不可能出現這麼多的錯誤，故代筆人書寫的說法也是不能成立的。

〔註34〕〔明〕徐渭《徐文長佚草》卷四，《徐渭集》，第1123頁。
〔註35〕〔明〕《徐文長佚草》卷四，《徐渭集》，第1129頁。
〔註36〕〔清〕黃宗羲《思舊錄》，見《黃宗羲全集》第一冊，浙江古籍出版社1985，第341頁。
〔註37〕俞苗榮、龔天力主編《紹興圖書館館藏地方碑拓選（中冊）》。西泠印社出版社2007，第220～222頁。

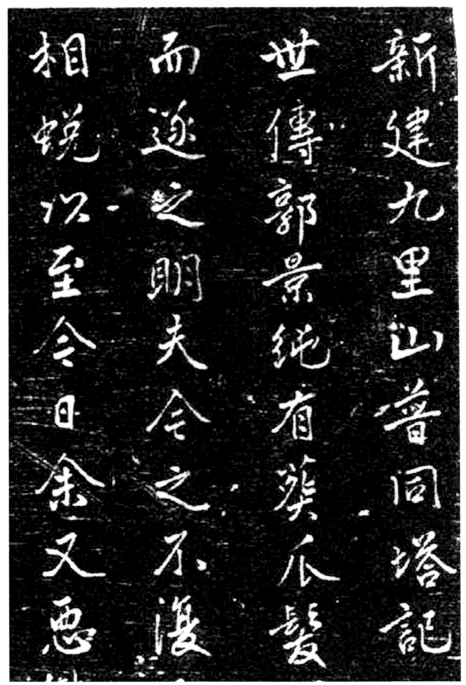

圖 4-10　紹興陶望齡撰史槃書《新建九里山普同塔記》碑刻部份

《春興詩》冊用筆拖沓不爽、結字也經常失控，杳無古法，如第六首「昨多」的「冬」字、「寒食」的「食」字等。哪裏還談得上「精奇偉傑」呢？

《春興詩》冊還有張廷枚的題跋：「嘉慶丁巳（1797）春，羅山山人識，時年六十有八。」嘉慶丁巳，離徐渭去世已近一百年，才第一次露面，且得於越中書賈，可見這件作品的流傳情況並不是很清楚的，他作爲六十八歲的老人，面對此等質量低劣、錯誤迭出的贋品，還以爲是徐渭「暮年老筆，眞跡中之佳者」，更可見當時對徐渭書法風格的認識是有問題的。

鑒於《春興詩》冊中署款時間有誤、地點蹊蹺、文辭訛亂，以及與徐渭書法風格有別、水平較差等問題，筆者認爲，它既不是徐渭的作品，也不是其學生的代筆，是地地道道的贋品。

二、《龍溪號篇》卷辨僞

西安市文物保護考古所藏草書《龍溪號篇》（陝 2-03），劉九庵先生《宋元明清書畫家傳世作品年表》也收錄此卷（圖 4-11），名爲「爲馮龍溪草書龍溪號篇卷」。此卷分爲三段，前段是引首，有「龍溪號篇」四個大字，本文因此用之爲手卷之名。此卷的問題也是多方面的：

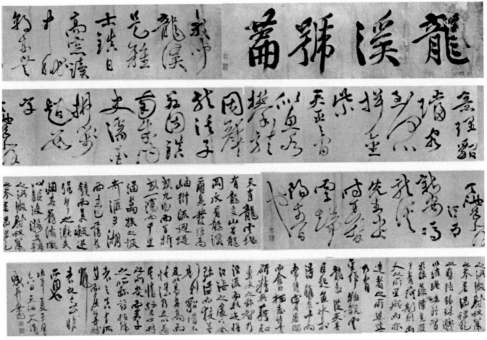

圖 4-11　西安市文物保護考古所藏《龍溪號篇》卷（疑僞）

1、真假兩「龍溪」

《龍溪號篇》的中段有七言古詩一首及款：

> 我聞龍溪是雅士，鎮日高窗讀中秘。朝來無意理貂璫，客至何心
> 捐金紫。

> 君臣之間似魚水，攀龍因號龍溪子。翁因鎮南成內史，濡墨拂
> 箋題數字。

> 天池道人徐渭爲新安馮龍溪先生書。時萬曆丙子端陽前一日也。

除了這首詩歌以外，後段內容是《徐文長逸稿》卷九所收《龍溪賦》〔註38〕，這是徐渭讚頌其老師王畿（字龍溪）的作品，在徐渭的《畸譜》中，師類共列五人，王畿被列在首位，可以說他是徐渭交往最久和最爲景仰的老師。他不但爲老師寫過《龍溪賦》，還爲其子寫過七言古詩《繼溪篇（王龍溪子）》：「海水必自黃河來，桃樹還有桃花開，試看萬物各依種，安得蕙草生蒿萊。龍溪吾師繼溪子，點也之狂師所喜，自家溪畔有波瀾，不用遠尋濂洛水。年年春漲溪拍天，醉我溪頭載酒船，一從誤落漩渦內，別卻溪船三兩年。」〔註39〕此外在徐渭文集中，還收有多篇能反映他們交往的詩文，如《答龍溪師書》、《壬自五進唐先生過會稽，論文舟中，復偕諸公送至柯亭而別，賦此》、《次王先生偈四首龍溪老師》等。榮寶齋藏徐渭《捧讀》詩稿署款「門生徐渭百拜，龍翁老師函丈」中的「龍翁」，也是徐渭對王畿的尊稱。其中第四首說：「訪求方士證摩尼，轉度津梁轉覺迷。除卻龍山溪水外，更無大路莫生疑。」可見他對龍翁師傳道講學是極其推崇的。

《龍溪號篇》卷的中段的署款卻是「爲新安馮龍溪先生書」，與「王龍溪」則明顯不是一人。再說，王龍溪乃浙江山陰人，此「馮龍溪」又是新安人。《龍溪賦》是讚頌其老師王畿的作品這是毫無疑問的，難道徐渭會把自己稱頌老師「王龍溪」的作品又用來歌詠「馮龍溪」？

2、兩篇《龍溪賦》的異同

再把墨蹟《龍溪號篇》中的《龍溪賦》與文集《龍溪賦》內容作一比較，也有出入：

〔註38〕〔明〕徐渭《徐文長逸稿》卷九，《徐渭集》，第 878 頁。
〔註39〕〔明〕徐渭《徐文長三集》卷五，《徐渭集》，第 130 頁。

墨蹟《龍溪號篇》中的《龍溪賦》	相異處	《徐文長逸稿》中的《龍溪賦》	相異處
天有龍雲，地有龍支，山有龍岡，水有龍溪。爾其發源高岫，衍流回堤，或九曲而百折，或一瀉而千里。涵萬族之恢奇，匯五湖而未已，蕩長鏡而莫凝，迅強弩之激矢。煙其籠渚，風以驅波，漭魚鱗之渙瀁，射蛟蠶之參差。渦螺旋之盤結，紛珠濺以璀瑳，喤鷗鷺於綠藻，障鳧雁於青荷，斯則幽人之所宜與，而亦達者之所婆娑。乃有聖作物覩，雲龍相從，君喜臣起，魚水相得，雖在中而常侍，實處緇而愈白。棲志詩書，研精典籍，知樂水之稱智，乃沿流而託跡，悟江海之處下，合彌謙而獲益。斯則貂瑯不足以易其高，而恬澹乃足以適其情，故為士林之所貴，而君子之所稱。茲托號者之真，有所成而庶幾賦號者之（亦）無非所因也。次年夏五月十六日天池山人渭賦並書。	恢奇　長鏡　之　　　　於、宜與　　　緇、愈白　沿流　獲益、貂瑯　高　多「有所成」缺「亦」、「無」、「非」顛倒	天有龍雲，地有龍支，山有龍岡，水有龍溪。爾其發源高岫，衍流回堤，或九曲而百折，或一瀉而千里。涵萬族之瑰琦，匯五湖而未已，蕩縈鏡而莫凝，迅強弩之激矢。煙其籠渚，風以驅波，漭魚鱗以渙瀁，射蛟蠶之參差。渦螺旋之盤結，紛珠濺以璀瑳，喤鷗鷺於綠藻，障鳧雁以青荷，斯則幽人之所容與，而亦達者之所婆娑。乃有聖作物覩，雲龍相從，君喜臣起，魚水相得，雖在中而常侍，實處淄而不黑。棲志詩書，研精典籍，知樂水之稱智，乃臨流而託跡，悟江海之處下，合彌謙而受益。斯則琳瑯不足以易其守，而恬澹乃足以適其情，故為士林之所貴，而君子之所稱。茲托號者之真，而庶幾於賦號者之亦非無所因也。	瑰琦　縈鏡　以　　以　容與　　淄、不黑　臨流　受益　琳瑯、守　　　　亦

　　墨蹟《龍溪賦》與文集《龍溪賦》不同之處，竟然達十四條之多，如：

　　墨蹟中「斯則幽人之所宜與」中的「宜與」，在文集中是「容與」，乃連綿詞，是意味幽閒的樣子，或猶豫的樣子。而「宜與」連用則未見。

　　「實處緇而愈白」在文集中是「實處淄而不黑」。「淄」是水名，有時也通「緇」，「緇」是黑色。從文意來看好像也可以，但從上下文都是圍繞水來描寫，通過「溪」來展開想像的，所以用「淄」更合情理。

　　墨蹟「有所成而庶幾賦號者之無非所因也」。缺「亦」，「無」和「非」又顛倒，意思是「有所成」之後才賦號的，對「龍溪」的理解顯然是差之毫釐，謬以千里，這不能不讓人產生懷疑，這是出自徐渭自書嗎？

3、詩、賦詠頌之間的牴牾

　　如果說墨蹟《龍溪賦》文辭有問題，那麼中段的七言古詩的問題就更多了，如寫「君臣之間似魚水，攀龍因號龍溪子」，似乎與「有所成而庶幾賦號

者之無非所因也」的意思相契合，但都與事實相悖。如果我們把七言古詩的內容與墨蹟《龍溪賦》相比較，則又會發現：其一，作為同是稱頌「龍溪」的詩與賦，在文辭上，如：「龍溪」、「貂璫」、「君臣」、「魚水」等多處與《龍溪號篇》重複使用，也有剿襲之嫌；其二，七言古詩中對「龍溪」的認識與文集《龍溪賦》中的「龍溪」大相徑庭。如「君臣之間似魚水，攀龍因號龍溪子。」這兩句所說的「君臣之間」，當是實指皇上與臣子的關係，從王畿的人身經歷來看，哪裏有「似魚水」這樣的經歷呢？把其號「龍溪」說成因「攀龍（乃攀龍附鳳、攀龍附驥的意思）」才號「龍溪子」更屬於無稽之談，完全是對「龍溪」的一種曲解。詩歌還說「翁因鎮南成內史」，從其生平可知，王畿雖有南都任職方主事與南京武選郎中的差使，但並無實權，也沒有做得「內史」，所以與王畿的經歷也不相符。為了進一步說明問題，我們不妨瞭解一下王畿的生平。

王畿（1498～1583），字汝中，號龍溪，學者稱龍溪先生，是明代哲學家。浙江山陰（今紹興）人。正德十四年（1519）中舉，此後兩次會試不第，嘉靖五年（1526）二月又要舉行會試時，王畿已經立志終身受業於陽明，不願北上，陽明對他說：「吾非欲以一第榮子，顧吾之學，疑信猶半，而吾及門之士，樸厚者未盡通解，穎慧者未盡敦毅，覯試，仕士咸集，念非子莫能闡明之，故以屬子，非為一第也。」王畿答應了參加會試，但提了一個「縱得與選，當不廷試而歸卒業焉」〔註40〕的條件，陽明欣然同意。王畿後來中試了，也確實是未就廷試而回到了紹興。

嘉靖十一年（1532），對王門來說，竭力壓制王陽明的權臣在前一年引病歸里，王畿等才去參加廷試。嘉靖十二年（1533），政治形勢再起變化。過去也壓制過陽明的權臣張璁，再度入閣，他按官場慣例試圖拉攏王畿，「欲引置一甲，公（王畿）不應。開吉士選，又欲引之，又不應。又開科道選，必欲引之，終不應。」〔註41〕於是張璁把他安排到有名無實的南都，去任職方主事，後又改任南京武選郎中。

嘉靖十八年（1539）二月，夏言當國，因選庶吉士輔太子一事不肯獻諂，引起夏言不滿，後詆毀王畿的學術活動為「偽學」，王畿也因此上疏要求解職

〔註40〕〔明〕徐階《龍溪王先生傳》，《王龍溪先生全集》卷二十二，清光緒七年刻本。

〔註41〕〔明〕徐階《龍溪王先生傳》，《王龍溪先生全集》卷二十二，清光緒七年刻本。

歸里。嘉靖二十一年（1542）被黜。此後他往來各地講學，在兩都及吳、楚、閩、越、江浙等地均有講舍，歷時 40 餘年，潛心傳播王學，為王學主要傳人之一。〔註42〕

由此我們可知此詩失實之處甚多，而文集中的《龍溪賦》所言：「雲龍相從，君喜臣起，魚水相得，雖在中而常侍，實處淄而不黑。」應當指其與王陽明的師生情誼，雖然「在中」（為官）卻能「常侍」（陽明），雖然「處淄」（官場）卻能「不黑」（出淤泥而不染），這些都與王畿的行狀相合。正因為他不貪戀官場，所以才能「棲志詩書，研精典籍」，才能「託跡」「處下」，為士林所貴，被君子所稱。所以文集《龍溪賦》結尾才有「於賦號者之亦非無所因也」的點題。《龍溪號篇》中的《龍溪賦》雖然與大部份內容與文集一致但其文字的錯亂則讓人無法相信這是出自徐渭之手。

由此我們可以認為，《龍溪號篇》的書寫者，不但對徐渭的老師——王畿的生平缺乏瞭解，甚至連最起碼的姓氏、籍貫都搞錯了。因而才出現了與文集《龍溪賦》不相符合的讚美詩以及「為新安馮龍溪先生書」這樣滑稽的署款。

4、書法之比較

榮寶齋藏《捧讀》詩稿和臺北故宮博物院藏《鞋底布帖》、《感惠帖》，大字作品上海博物館藏隆慶年間所書的行草七言古詩《春雨》卷等，同《龍溪號篇》交代的「萬曆丙子（1576）」及「次年」的時間非常接近，它們非常具有可比性。

如果以此來衡量《龍溪號篇》卷，則風格與水準都相去甚遠。但它們之間之間並不是沒有一點關係，如果仔細考究其用字，其中又有些徐渭的影子，如其草書部份就有借鑒《春雨》卷的可能，只是其用筆拖沓不爽、結字鬆散。後段行書用筆殊無古法而偏側有加，結字也多怪異。但其中多次出現的「之」與《春雨》中的「之」字壓扁的結構方法相同，而「射蛟鼉之參差」中的「蛟」的寫法與榮寶齋藏《捧讀》詩稿中的「蚊」字也非常接近。從整體氣息，以及其他字形的結構方式來看，則與徐渭作品相去甚遠。

總之，《龍溪號篇》把徐渭的老師「紹興王龍溪」，錯為「新安馮龍溪」；其所書《龍溪賦》的內容也與《徐文長逸稿》中的《龍溪賦》多有出入；七

〔註42〕參見方祖猷《王畿評傳》，南京大學出版社 2001。

言古詩所描繪的王畿形象與王畿的生平經歷有較多的牴牾；從書法的角度看，與同時期《捧讀》詩稿及《春雨》卷相比，差距較大。種種問題都表明，這是一幅仿徐渭書體而不能同的贋品。

三、同文書作《春園》四種辨析

　　在今存署名徐渭的書畫作品中，同樣題材（題款、題畫詩）反覆出現的作品，屢見不鮮，很多人都習以爲常，見怪不怪。如《徐渭》（書畫集）中，何惟明撰文《徐渭及其書畫藝術》就說過：「《煙雲之興圖》卷、《四時花卉圖》軸，以及多幅圖軸中都有重複之題詠：『老夫遊戲墨淋漓，……』好幾幅芭蕉配以竹石或是牡丹的圖上又題道：『冬爛芭蕉春一芽……。』」〔註43〕在何先生的筆下，「重複之題詠」，儼然已經作爲徐渭個人習慣存在。筆者以爲事實並非如此，《徐文長三集》卷七，有《過陳守經，留飯海棠樹下，賦得夜雨剪春韭》七言律詩，以此爲創作內容的書法立軸有三件（下文簡稱《春園》軸），它們題款內容有別，書法風格也不盡相同，卻時常見諸專業報刊，被當作徐渭的眞跡鑒賞。筆者以爲，這些作品是否爲徐渭眞跡，是否有模仿與被模仿的關係，值得探討。徐渭文集中的詩歌標題是《過陳守經，留飯海棠樹下，賦得夜雨剪春韭》，內容是：

　　　　春園莫雨細決決，韭葉當籬作意長，舊約隔年留話久，新蔬一束
　　山泥香。
　　　　梁塵已覺飛江燕，帽影時移亂海棠，醉後推敲應不免，只愁別
　　駕惱郎當。〔註44〕

同文書作《春園》四種具體差異辨析如下：

1、故宮博物院藏《春園》軸

　　故宮博物院藏《春園》軸（圖4-12），紙本，縱210cm，橫64.3cm。《中國古代書畫圖目》的編號是：京1-1843，很多專家學者都認爲是徐渭書法代表作，劉九庵先生編《中國歷代書畫鑒別圖錄》中就用這一幅作品作爲標準件與上海博物館僞七言聯進行比較的，〔註45〕但筆者以爲這件作品也有可疑之處。

〔註43〕《徐渭》（書畫集），浙江人民出版社1989。
〔註44〕〔明〕徐渭《徐文長三集》卷七。《徐渭集》，第239頁。
〔註45〕劉九庵《中國歷代書畫鑒別圖錄》，紫金城出版社1999。

　　文集中詩歌原題爲：《過陳守經，留飯海棠樹下，賦得夜雨剪春韭》。陳守經是徐渭的朋友，《徐文長逸稿》卷四還收有《陳伯子守經致巨蟹三十，繼以漿鱸》〔註46〕，詩中有「喜有賢人敬長心，老饕長得飫烹飪」句，說明陳守經是晚輩，「長得」表明經常得到陳守經的照顧。從「暮雨」到「留飯」，最後「賦得」詩成之間的交代，非常合乎邏輯關係，但故宮博物院《春園》軸落款爲「醉守經海棠樹下，時夜禁欲盡」，如果「欲嚴」也可讀爲是或「頗嚴」二字，這樣從草書的角度看，草法又出現問題。從標題看，「留飯海棠樹下，賦得夜雨剪春韭」，並非醉經海棠樹下，此「醉」字，蓋是對「醉後推敲應不免」的想像，而非實情。墨蹟中的第一句「春園細雨暮泱泱」，與《徐文長三集》「春園莫雨細泱泱」也有些不同。如「莫」寫作「暮」沒有問題，而「泱泱」是深遠廣大的樣子，修飾「暮」比較貼切。修飾「細」則有點彆扭。如果說這些內容只能是懷疑的話，那麼書法風格是可以通過觀察來比較的，我們可以把此作與上海博物館藏大字行草書七言古詩《春雨》長卷（圖 4-13）來比較，長卷用筆挺健爽利，鋒芒外露、氣勢逼人，從《春雨》卷落款隆慶年間來看，徐渭此時的書法風格也已經成熟，其中有很多富有個性特徵的短撇與長橫等。而《春園》軸用筆，從表面上看，它們確實有相似之處，如長橫的起筆較尖細，結字也有些傾斜等，但力度不夠，氣韻不足；草書部份與上面列舉作品相比，字與字之間，看似連綿不斷，實際上字形處理過份接近而顯得習氣很重，缺少節奏變化，用筆左右搖盪而缺乏力度。明顯較弱的字，如「蔬」、「飛」、「免」等，其中「免」字也多了一點成爲「兔」字。所以，筆者認爲這是一件仿徐渭風格的贋品。

2、上海博物館藏《春園》軸

　　上博藏《春園》軸（圖 4-14），紙本，縱 306.6cm，橫 104cm。《中國古代書畫圖目》收錄，編號是：滬 1-1128，此軸尺幅更大，從內容上來看，與故宮博物院藏《春園》軸所寫的內容一樣，首句也是「春園細雨暮泱泱」；其款曰：「春初，飲陳守經海棠樹下，時夜禁頗盡。賦此。」「頗嚴」二字寫法與故博《春園》軸題款稍有不同。如果從正文的內容來看，大部份字的結構姿勢，都十分的接近故宮博物院《春園》軸而稍作變化，其中的「暮」、「年」、「塵」、「應」、「覺」、「香」、「免」等字都寫得非常局促，毫無生氣。此作比

〔註46〕〔明〕徐渭《徐文長逸稿》卷四，《徐渭集》，第 794 頁。

故宮博物院藏《春園》（疑僞）

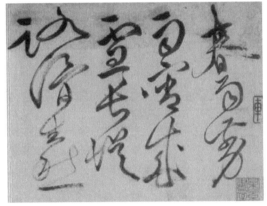

上海博物館藏《春雨卷》（眞）

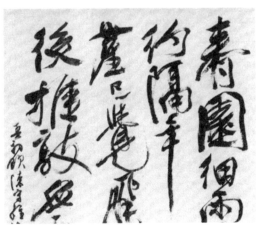

上海博物館藏《春園》軸（疑僞）

圖 4-13　《春雨卷》與故博、上博《春園》軸局部比較，可以看出，不管是用筆時對筆鋒的掌控能力，還是用筆的速度節奏，都很難把他們歸到一人名下。從結字能力來看對字形空間的處理眞跡的水平也是仿書者難以企及的。所以，即便不從文字的角度作分析，我們也有理由認爲這《春園》軸及扇面作品，都不是徐渭的作品。

故宮博物院軸高出近一米，第一行本應寫完，可能是字被放大，不好控制，以至首行最後兩字，明顯受到擠壓。第二行「年」字被拉長，導致這一行又不夠寫，最終用四行寫完而另行落款。從文字內容，到書寫方式，都可以看出這件作品與故博藏《春園》軸之間有模仿與被模仿的嫌疑。

　　既然這兩件作品都被標上徐渭的大名，他們題款的內容明顯出現分歧，兩者的風格差距也比較大，難道徐渭就這麼善變嗎？

3、上海蔣風白藏《春園》軸

　　上海蔣風白曾藏《春園》軸（圖 4-15），紙本，縱 166cm、橫 68cm。〔註47〕從書寫內容看，其正文內容與《徐文長三集》同，首句作「春園莫雨細決決」。其款為：「病起，過守經成趣同酌，賦得夜雨剪春韭。」徐渭詩歌中沒有提及其「病」狀的字句，不知此病何來，應該為想像之辭。

　　「成趣」，一般有兩種解釋，一是：成為散步的場所。趣，同「趨」。「園日涉以成趣，門雖設而常關。」（陶潛《歸去來》）〔註48〕李善注：「《爾雅》曰：『堂上謂之行，堂下謂之步，門外謂之趨，中庭謂之走。』郭璞曰：『此皆人行步趨走之處，因以名。』」逯欽立校注曰：「成趣，成趨，成了散步場所。」二是：自成佳趣。明葉盛《水東日記・莊公瑾書畫》：「為人雅淡有高致，日登臨山水，所至成趣，遇知己，觸詠竟日。」此處的言「過守經成趣同酌」，其語義則頗很讓人費解，或許指散步經過守經處，但語義還是不太連貫。

　　從書法的角度看，與上兩軸的書法風格有很大差異，字型有黃庭堅行書長撇大捺的感覺，但與故宮博物院《春雨》軸相比較，也能找出一些相似點，如「葉」、「意」、「約」、「季」、「留話」、「一束出泥香」、「已覺」、「不免」，以及款中的「夜」字等，也有臨仿的迹象。從整體來看，也沒有故宮博物院軸老練。如果說徐渭曾經借鑒過黃庭堅書法的話，那麼，請看《先後帖》、《鞋底布帖》，則可知道徐渭的用筆結字，是何等瀟灑爽利，絕不似此軸疲軟且忸怩作態。

〔註47〕見《明清名家書法大成》（明代書法一），上海書畫出版社 1994。
〔註48〕〔晉〕陶淵明《陶淵明集》卷五《歸去來兮辭》。文淵閣《四庫全書》本。

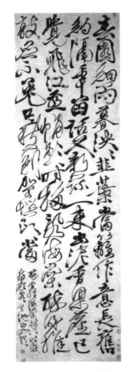 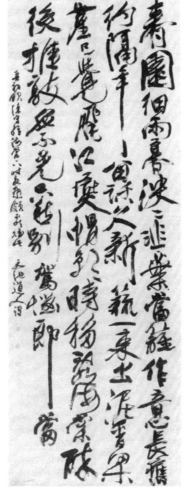 

圖 4-12　故宮博物院　　圖 4-14　上海博物館藏《春園》　　圖 4-15　蔣風白曾
藏《春園》（疑僞）　　軸（疑僞）306.6×104cm　　藏《春園》軸（疑僞）
210cm，橫 64.3cm　　　　　　　　　　　　　　　　　166×68cm

4、中貿聖佳拍賣品《春園》扇面

　　2004 年 10 月中貿聖佳拍賣品中也有一幅寫有此詩的扇面（圖 4-16），從書寫內容來看與徐渭文集同，但沒有其他題款，從書法來看，用筆軟弱，結字生硬。但仍然有模仿故宮博物院《春園》軸的痕跡，如「應不免」的「應」、「免」就很明顯，筆者以爲這也當是一件仿品。

　　綜合來看這幾件《春園》作品，筆者以爲故宮博物院藏《春園》軸，雖然有部份筆劃比較接近徐渭書法風格，但仍然值得懷疑。而另兩件《春園》

軸及扇面作品都可能仿自故宮博物院藏《春園》軸，當是贗品。這種「重複作品內容」，風格差距比較大的現象，在徐渭作品中屢見不鮮，之所以還能被很多人接受並「欣賞」，說明徐渭書法風格「影蔽」問題嚴重。也正因爲如此，才會有類似但又不同的雙胞胎、多胞胎現象出現。

圖 4-16　2004 聖佳拍品扇面（疑僞）

四、《擬鳶圖》卷質疑

　　上海博物館藏《擬鳶圖》卷（圖 4-17），墨筆、紙本，縱 32.4cm、橫 160.8cm。此卷被錄入《中國古代繪畫圖目》（滬 1-1114），還作爲重要作品被錄入《中國繪畫全集》〔註 49〕。應當是現存徐渭畫作中的名卷之一。有學者認爲這是一幅「極爲難得的以人物爲主題的作品」〔註 50〕。從其題畫詩及書法來看，筆者則不認同這一觀點，反而覺得此卷甚可疑。《徐文長三集》卷十一共收《風鳶詩》共二十五首，詩歌序言是：

　　　　郭恕先爲富人子作《風鳶圖》，償平生酒肉之餉，富人子以其謾己，謝絕之。意其圖必立遭毀裂，爲蝴蝶化去久矣。予慕而擬作之。噫，童子知羨鳥獲之鼎，不知其不可扛也。雖然，來丹計粒而食，乃其報黑卵必請宵練快自握，亦取其意之所趨而已矣。每一圖必隨景悲歌一首，並張打油叫街語也，亦取其意而已矣。〔註 51〕

〔註 49〕 《中國繪畫全集》（中國美術分類全集），浙江人美與文物出版，2000 聯合出版。中國繪畫全集編寫組委託劉九庵、傅熹年先生負責審定。
〔註 50〕 李錦炎《徐渭和他的〈擬鳶圖〉與〈漁婦圖〉軸》，《文物》1987/12。
〔註 51〕 〔明〕徐渭《徐文長三集》卷十一，《徐渭集》，中華書局 1983，第 411 頁。

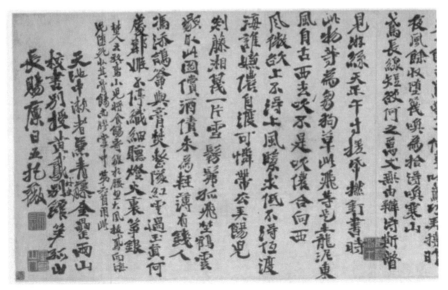

圖 4-17　上海博物館藏《擬鳶圖》卷（疑偽）

徐渭慕郭恕先《風鳶圖》而擬作了圖與詩，宋郭若虛《圖畫見聞志》卷三對郭忠恕有所介紹：

> 郭忠恕，字恕先，洛陽人。少能屬文，七歲舉童子。初，周祖召爲博士，後因爭忿於朝堂，貶崖州司户，秩滿去官不復仕，縱放岐雍陝洛之間。善畫屋木林石，格非師授。有設紈素求爲圖畫者，必怒而去。乘興，即自爲之。郭從義鎮岐下，每延止山亭張素，設粉墨於旁，經數月，忽乘醉就圖之一角，作遠山數峰而已，郭氏亦珍惜之。岐有富人主官酒酤，其子喜畫，日給醇酎，設几案絹素，及好紙數軸，屢以情言忠恕，俄取紙一軸，凡數十番，首圖一丱角小童持線車，紙窮處作風鳶，中引一線長數丈，富家子不以爲奇，遂謝絕焉。……有《屋木卷軸》傳於世。〔註52〕

徐渭不僅慕恕先之畫，也羨恕先獨立瀟灑的人格。對比《徐文長三集》中詩歌序言與《擬鳶圖》卷題畫詩中的序言，非常相似，但仔細比較則會發現，他們的區別還是很大的，《擬鳶圖》卷序言是：

> 郭恕先爲富人子作《風鳶圖》，富人子怒而謝絕。意其時圖必立遭毀裂，餘慕而擬作之。恕先何人，餘殆跛鱉逐驥耳，荜茇渡海禮補陀，那得便見一葉蓮相，取其意而已矣。王元章《放鳶詩》八首（元十一首，存者八）先子抄本具焉，當亦慕恕先作也，因書於此。

如果徐渭眞有此畫卷存在，後期收入作品集時可能會有改動，但與徐渭文集所錄內容相比，它們的分歧是：其一，《擬鳶圖》不是一圖一歌；其二，《擬鳶圖》無打油叫街語；其三，《風鳶詩》序言沒有提及王元章《放鳶詩》。問題不止這些，還有：

1、徐渭的七首《風鳶詩》被改了作者

與《徐文長三集》相比，所謂的「王元章《放鳶詩》八首」中的七首都與《徐文長三集》中《風鳶詩》前七首相同，比較如下：

序號	《擬鳶圖》卷王元章八首	《徐文長三集》中《風鳶詩》前七首	相異處
1	柳條搓線絮搓棉，搓夠千尋放紙鳶。 消得東風多少力，帶將兒輩上青天。	柳條搓線絮搓棉，搓夠千尋放紙鳶。 消得春風多少力，帶將兒輩上青天。	東風 春風

〔註52〕〔宋〕郭若虛《圖畫見聞志》卷三，文淵閣《四庫全書》本。

2	春風語燕潑堤翻，晚笛歸牛穩背眠。 此際不偷慈母線，明朝辜負放鳶天。	春風語燕潑堤翻，晚笛歸牛穩背眠。 此際不偷慈母線，明朝孤負放鳶天。	辜負 孤負
3	鳶於兒女何相關，苦要風高九萬搏。 無限片帆當此際，錢塘江上雪如山。	鳶於兒輩何相關，苦要風高九萬搏。 無限片帆當此際，錢塘江上雪如山。	兒女 兒輩
4	我亦曾經放鷂嬉，今來不道老如斯。 誰能更駐游春馬，閒看兒童斷線時。	我亦曾經放鷂嬉，今來不道老如斯。 那能更駐游春馬，閒看兒童斷線時。	誰能 那能
5	縛竹糊腔作鳥飛，崩風墜雨爛成泥。 明朝又是清明節，鬥買腸糖過柳西。	縛竹糊腔作鳥飛，崩風墜雨爛成泥。 明朝又是清明節，鬥買腸糖柳市西。	過柳西 柳市西
6	江北江南紙鷂齊，線長線短逞高低。 春風自古無憑據，一任騎牛弄笛兒。	江北江南紙鷂齊，線長線短迴高低。 春風自古無憑據，一任騎牛弄笛兒	逞 迴
7	剪楮披簧重幾分，橫天直去攪風雲。 風雲自攪猶言可，誤殺低頭看鴨人。	剪楮披篁重幾分，橫天直去攪風雲。 風雲去攪猶言可，誤殺低頭看鴨人。	披簧 披篁 自攪 去攪
8	誤殺低頭看鴨人，摩婆不信不鳶眞。 攔街奪得神仙罐，剛是茅山活水銀。	《徐文長三集》無此詩	

所謂王元章的八首詩中的七首，在《徐文長三集》的《風鳶詩》中也是排列在最前面的七首，連排列順序都與《擬鳶圖》卷完全一致，這可以說明《擬鳶圖》的序、詩，都同《徐文長三集》中《風鳶詩》有非常密切的聯繫。應該是同一時期所作。再從題畫詩的卷面書跡來看，這八首詩歌中，寫錯或漏寫之後又改正的地方，計有六處：

第一首，「搓夠千尋放紙鳶」的「夠」，錯爲「得」後改正；

第三首，「鳶於兒女何相關」的「何」，錯爲「甚」，後改正；

第四首，「誰能更駐游春馬」，丟「更駐」，後補上；

第五首，「明朝又是清明節」，丟「節」，後補上；

第七首，「風雲自攪猶言可」的「言」，錯爲「雲」後改正；

第八首，「攔街奪得神仙罐」的「罐」，錯爲「觀」後改正。

王元章《放鳶詩》八首並非背誦，而是看著「先子抄本」而抄寫，寫者並非用草書，從書跡看其書寫狀態非常認眞，八首詩歌有六處寫出問題，不可思議，除非此人文化不高，不然不至於有如此之多的筆誤。如果與徐渭《風鳶詩》比較，還有些不同的字句，如「東風」與「春風」、「辜負」與「孤負」、

「兒女」與「兒輩」，它們之間就詞義來說差別不大，但有些詞語則可作商榷，如：

第七首，「剪楮披簧重幾分，橫天直去攬風雲」中的「簧」字，在《徐文長三集》中作「篁」，意指竹林，泛指竹子，如：幽篁，修篁，篁竹。而「簧」乃「笙簧」之「簧」，樂器中用以發聲的「簧」，顯然不當混用。

第四首，「誰能更駐游春馬，閒看兒童斷線時。」《風鳶詩》作「那能」是照應前兩句「我亦曾經放鷂嬉，今來不道老如斯」的，而用「誰能」則顯得銜接不緊；

第五首，從「鬥買腸糖柳市西」可知，「柳市」當爲集市。「鬥買」，即兜售。鬥，通「兜」。而在畫卷上寫作「鬥買腸糖過柳西」，此處「柳西」所指應當就是「柳市西」，而直接說「柳西」，顯然語意不清。除非「柳西」爲專有名詞，否則就不太好理解。

如果把這些詩歌看作是徐渭的原稿，其後被自己改動也是有可能的，但此卷已經明言是王冕的詩，徐渭當然不會去改動。如果是《徐文長三集》的編者誤收了《擬鳶圖》中王冕的詩歌，筆者覺得也不應該出現文字改動的可能。還有一種情況，就是編輯《徐文長三集》時從所謂的「先子抄本」中來，也不應改動「先子抄本」的文字內容。當然現在抄錄非常認真，並且多處修正錯誤，所以在《擬鳶圖》卷中是不會抄錯的。這只能說明作僞者是在自露馬腳。

再從《徐文長三集》中二十五首《風鳶詩》來考察，整體風格也都是協調一致的「悲歌」。因此，筆者認爲這前七首詩歌與「王冕」無關，今存王冕詩歌中也未見。

《擬鳶圖》中還有《徐文長三集》未收，或者說「漏收」的「王元章」的第八首詩，其首句「誤殺低頭看鴨人」，與第七首末句相同，這種作詩的方式，在王冕詩歌中未見，在徐渭詩歌中也沒有。此詩表意含混，與其他詩歌也不協調，很可能是作僞者爲了照應其「先子抄本」的謊言，讓讀者無處查對而自編的一首詩。

2、「田水月和詩」八首有意境乖互之疑

《風鳶圖》收錄《田水月和詩》八首中，有《徐文長三集》中《風鳶詩》四首，還有《徐文長逸稿》中《風鳶圖四首》：

序號	《風鳶圖》中《田水月和詩》八首	徐渭文集所錄《風鳶詩》	詩集中的排序
1	紙鳶一塊去飄綿，不及三朝颭木鳶。 更有大風君信不，能翻磨扇上高天。		《徐文長三集》 中《風鳶詩》的 第八首
2	我經南海颶風年，屋尾飛枝攬蝶眠。 試取紙鳶當此際，看他背去負青天。	「經」文集作「驚」 「屋尾飛枝」文集作「屋瓦飛空」 「看他」文集作「可能」	《徐文長三集》 中《風鳶詩》的 第九首
3	天台饒舌罵豐干，何事吟鳶巧弄摶。 昨夜風餘收墮篾，喚回拾得換寒山。		《徐文長逸稿》 中《風鳶圖四 首》的第一首
4	鳶長線短欲何之？萬丈無由辦得斯。 瞥見遊絲天正午，寸搓紙撚釘書時。		《徐文長逸稿》 中《風鳶圖四 首》的第二首
5	此物等為芻狗草，此飛等是上龍泥。 東風自古西吹去，不是吹儂合向西。		《徐文長逸稿》 中《風鳶圖四 首》的第三首
6	風微欲上不可上，風緊求低不得低。 渡海一憑儂自渡，可憐帶殺弄腸兒。 野人雲放鳶小兒將食腸，寄線外腰，忽大風拔鳶向海，兒墮死，收其骨，腸尚在掌中。第六首用此。	文集詩歌下注為： 海上人相傳，一兒將食腸，寄線外腰，忽大風拔鳶向海，兒競墮死，收其骸，腸猶在掌中。	《徐文長三集》 中《風鳶詩》的 第十首
7	剡藤湘篾一片雪，彷彿孤飛野鶴雲。 畫取此圖酬酒債，未為輕薄有錢人。		《徐文長三集》 中《風鳶詩》的 第十一首
8	馮添鴿簧與膏焚，整隊紅雲過玉真。 何處鄰姬不停織，細聽燈火理箏銀。		《徐文長逸稿》 中《風鳶圖四 首》的第四首

　　從表中我們可以看到《田水月和詩》八首，其中第一、二、六、七首詩，被收入《徐文長三集》中，與《擬鳶圖》中的「王冕」詩七首一起被錄於《風鳶詩》標題之下，並且是與上面的七首緊挨著排序，分別是第八、九、十、十一首。

　　《擬鳶圖》所錄共十一首（前七首被歸到王冕名下）正是《徐文長三集》中《風鳶詩》二十五首裏面（前十一首）的內容，都有一股不平之氣充斥其間，如：「潑堤翻」、「苦要風高九萬摶」、「崩風墜雨」、「能翻磨扇」、「驚」、「颶風」、「屋瓦飛空」、「風緊」、「殺」等。這些詩句與《風鳶詩》的序言所交代的「悲歌」意境非常切合。

另四首在《徐文長逸稿》中，標題爲《風鳶圖四首》〔註 53〕，從詩歌表達情感的角度來看，與《徐文長三集》中的《風鳶詩》有著明顯的區別，如：「饒舌」、「巧弄」、「喚回」、「瞥見」、「遊絲」、「釘書時」、「芻狗草」、「鴿簽」、「整隊」、「紅雲」、「細聽」、「燈火」、「理箏銀」等，意境平和而嫺靜。顯然這四首與其他《風鳶詩》不是同一時間所作。它們不但與「悲歌」的序言不合，還被打亂順序夾雜在「悲歌」的《風鳶詩》中，尤顯得不倫不類。

《田水月和詩》的第二首，與《徐文長三集》中《風鳶詩》的第九首相異的詞句較多，相比之下，《徐文長三集》中《風鳶詩》用詞爲好。如：

「我驚南海颶風年」的「驚」，乃「驚懼」之意。「颶風」，是發生在海洋上的風暴，風力常達十級以上，常伴有暴雨。而「經」乃「經歷」之意。用「經」字過於平淡，與「南海颶風」的描寫極不協調。

3、題畫詩的書法水準拙劣

《擬鳶圖》卷的題畫詩，其書法水平也相當拙劣。而我們從《風鳶詩》的序，以及「今來不道老如斯」中，也能讀出徐渭的年紀不會太小，此時徐渭的書法風格水平應該是比較穩定的，我們完全可以通過比較，考察它們的優劣異同。如果說《擬鳶圖》卷中的書法，結字扁方、取斜勢的特點，與徐渭手書墓誌還有幾分接近，但其用筆遲澀、生硬，與《先後帖》等墨蹟比較則散漫而拙陋。這種低水平的用筆結字並不是偶然的失筆，而是滿篇皆然，如「清明」的豎鉤，「萬」字的左豎，「之」的反捺，「屋尾」、「君」、「不」的撇，「見」、「兒」的豎彎鉤，以及三點水、絞絲旁等等（圖 4-18），與萬曆十五年紹興府志所說的「快馬斫陣之勢」的評論來觀之，則有著天壤之別。

圖 4-18　上海博物館藏《擬鳶圖》書法舉例（疑偽）

〔註 53〕〔明〕徐渭《徐文長逸稿》卷八《風鳶圖四首》，《徐渭集》，第 867 頁。

4、署款與用印囉嗦繁複

此卷署款有四處：

一是，引首「擬鳶圖」大字右側有款「天池」，這種落款方式很少見，一般在左側。

二是，「王元章」詩後有款「田水月」，下面又接「田水月和元章先生」，最後還要落上很長的名款，顯得很囉嗦。

三是，卷尾款「天池中漱者，兼青藤金壘兩山校書，別授黃鵝外史，別館筍孤山長賜廩日五托薇。」這一長款中其實又包含了「漱者」、「青藤」、「金壘」、「兩山校書」、「黃鵝外史」幾個別稱，「賜廩」可能是「廩賜」（俸祿和賞賜）的意思，「筍孤山長」大概也是別號，總之，「別館筍孤山長賜廩日五托薇」合起來以後好像不知所云。把這麼多的別稱放在一起使用很彆扭，在其他署名徐渭的作品中未見。

四是用印繁複。此卷用印也有十多處，其中有很多名號印，如「酬字堂」「天池山人」、「漱仙」、「徐渭」、「山陰布衣」、「青藤道士」、「文長」、「金晶山人」、「鵬飛處人」、「青山捫蝨」、「袖裏青蛇」。同一方印「天池山人」竟用了三次。對於「圖景」和「悲歌」，「都取其意而已矣」的「徐渭」，有必要如此這般煞費苦心地安排嗎？莫非擔心自己的作品會被分為幾段？如此多的別號印章用於一紙，在徐渭真跡以及其他明人作品中也是前所未見的。

對於使用「酬字堂」印，也很值得懷疑，從上文「今來不道老如斯」可知，徐渭已經步入老年。他四十三歲時移居酬字堂，四十六歲入獄，《徐文長三集》卷七收《雪中移居二首》云：「十度移家四十年，今來移迫莫冬天。……只堪醉詠梅花下，其奈杖頭無酒錢。」〔註54〕根據《畸譜》，可以找二十三歲至六十二歲，十度移家的軌跡，乙亥（55歲）已經不居酬字堂。從其出獄後的潦倒來看，入獄期間酬字堂可能已經變賣，這時還使用「酬字堂」印也是不合情理。《擬鳶圖》卷題畫詩的「序」，與徐渭文集中的《風鳶詩》相校差異較大，而「王元章八首」的作者歸屬也有問題，其文詞也有錯訛；所謂的「田水月和詩」中，還寫有明顯不是同一標題下的《風鳶圖四首》，也是不合理情理的一種表現；從題畫詩的書法風格來看，與徐渭

〔註54〕〔明〕徐渭《徐文長三集》卷七，《徐渭集》，第291頁。

不合，且水平較爲低劣；而其題款與用印的繁複等也讓人疑竇叢生。如此用心良苦地改編《風鳶詩》的序言、謊稱王元章放鳶詩等等做秀的手段，都不過是作僞者故弄玄虛的伎倆。

是否畫眞而書僞呢？因爲作僞者目的是賺取利潤，不可能鋌而走險，用沒有把握的書法來作長題。即使從繪畫本體來看，與南京博物院藏《雜花圖卷》所展示的大寫意的水墨淋漓的氣勢相比也顯得單薄，其繪畫的眞實性也同樣受到懷疑。

五、送史甥花卉卷四種辨僞

首先看兩件送史甥花卉卷，其一：中國歷史博物館藏《雜花六段卷》（圖4-19），紙本墨筆，縱 29.5cm，橫 304.7cm。此捲畫有六段，並題畫詩六首，分別是：牡丹、葡萄、春竹、蘭花、菊石、水仙竹。卷尾又有題詩並款。用印：白文「青藤道士」、朱文「湘管齋」等。卷後還有清初李因篤的題跋。其二：故宮博物院藏《墨花九段卷》（圖4-20），紙本墨筆，縱 46.3cm，橫 624cm。此卷畫有九段，並題畫詩九首，分別是：牡丹、蓮花、菊石、水仙竹、梅石、葡萄、芭蕉石、蘭竹、春竹。卷尾也有題詩並款。用印：白文「青藤道士」，朱文「湘管齋」等。

《雜花六段卷》（京 2-159）和《墨花九段卷》（京 1-1823）在署名徐渭的花卉卷中很有代表性，每段都有題畫詩，尾部又另有題款，或題畫詩。正是這些題詩與題款存在很多疑問：

1、題款：「漱老譃墨」，與「青藤道人戲墨」有別

《徐文長三集》卷五所收《畫百花卷與史甥，題曰：漱老譃墨》的內容與《雜花六段卷》卷尾七言古詩相同：

> 世間無事無三味，老來戲譃塗花卉，藤長刺闊臂幾枯，三合茅柴不成醉。葫蘆依樣不勝揩，能如造化絕安排。不求形似求生韻，根撥皆吾五指栽。胡爲乎，區區枝剪而葉裁？君莫猜，墨色淋漓兩撥開。〔註55〕

〔註55〕〔明〕徐渭《徐文長三集》卷五，《徐渭集》，第 154 頁。「兩撥」花卉卷中作「雨澆」，哪一種更正確，待考。疑文集有誤。

圖 4-19　中國歷史博物館藏《雜花六段卷》（疑僞）

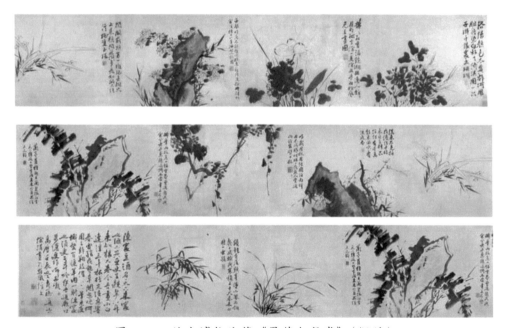

圖 4-20　故宮博物院藏《墨花九段卷》（疑僞）

　　文集中類似這種含有題款內容的題畫詩並不多，如《予作花十二種多風勢，中有榴花，題其卷首曰：石醋醋（石榴）罵坐》。〔註56〕應該說這種題款標明了畫卷題款的部份內容，一般情況下如果從畫卷錄入是不會有太多出入的。從標題可以知道徐渭原卷落款是「漱老謔墨」，而此卷款為「青藤道人戲墨」，意思雖然差不多，但筆者認爲《雜花六段卷》與文集所錄並非同一件作品，這種即興之作的題款，一般不會用完全相同的內容多次題畫，故存疑。

〔註56〕〔明〕徐渭《徐文長三集》卷五，《徐渭集》，第 150 頁。

2、是「史甥」，還是「史生」

《徐文長三集》卷五中也有《墨花九段卷》卷尾題詩：

陳家豆酒名天下，朱家之酒亦其亞，史甥（卷中作「生」）親挈八升來，如椽大卷令吾畫。小白連浮三十杯，指尖浩氣響成（卷中作「春」）雷，驚花蟄草開愁晚，何用三郎羯鼓催？羯鼓催，筆兔瘦，蟹螯百雙，羊肉一肘，陳家之酒更二斗，吟伊吾，迸厥口，爲儂更作獅子吼。〔註 57〕

文集標題爲《又圖繪應史甥之索》，這一標題與《畫百花卷與史甥，題曰：漱老謔墨》一樣，告訴我們這是送給「史甥」的畫。史甥，與徐渭乃是甥舅關係，除了這兩首題畫詩外，徐渭文集中還收有《史甥以十柑餉》（《徐文長逸稿》卷四）《題史甥畫卷後》（《徐文長逸稿》卷四）《畫竹與甥》（《徐文長三集》卷五）等。而史生，一般認爲是徐渭的學生史槃，字叔考，但史叔考不同於一般的學生，《陳眉公集》卷六《史叔考〈童羖齋集〉敘》（圖 4-22）云：

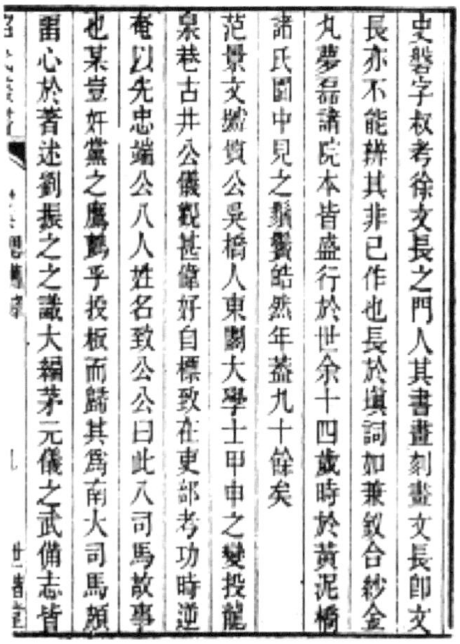
史磐字叔考徐文長之門人其書畫刻畫文長即文
長亦不能辨其非己作也長於塡詞如兼叙合紗金
丸夢磊諸院本皆盛行於世余十四歲時於黃泥橋
諸氏園中見之鬚鬢皓然年蓋九十餘矣
范景文號質公吳橋人東閣大學士甲申之變投龍
泉巷古井公儀觀甚偉好自標致在吏部考功時逆
奄以先忠端公八人姓名致公公曰此八司馬故事
也某豈奸黨之鷹鸇乎投板而歸其爲南大司馬頗
留心於著述劉振之之識大綱茅元儀之武備志皆

圖 4-22　黃宗羲《舊思錄》書影

余嘗見《合紗》、《檀扇》、《鶼釵》、《雙鴦》、《櫻桃》諸詞，驚曰：世乃更有徐文長乎。客曰，此即文長之友史叔考也。叔考自少嫻公車言，會江陵下沙汰之令，檄郡國錄士上督學使，額無過十五。叔考歎曰：寒書生豈能飛度鐵步障乎。遂作《破瑟賦》以謝同仁，不應舉。文長聞而喜曰：史君賦使碎琴之陳子昂愧不能穴地遁去。自是與叔考交甚歡。即南阡北陌，高山大澤之間，無不與叔考俱。而談藝尤甚洽。頃公七十四而《童羖齋集》成。〔註 58〕

〔註 57〕〔明〕徐渭《徐文長三集》卷五，《徐渭集》，第 154 頁。
〔註 58〕轉引自徐朔方《晚明曲家年譜》第 2 卷《徐渭年譜》，浙江古籍出版社 1993，第 151 頁。

　　從客曰「文長之友史叔考」與文長言「史君」，及「自是與叔考交甚驩」來看，叔考與徐渭實乃師友之間的人物。又，黃宗羲《舊思錄》載其十四（1623）歲時：「史槃字考叔，徐文長之門人，其書畫刻畫文長，即文長亦不能辨其非已作也。……余十四歲時，於黃泥橋諸氏園中見之，鬚髮皓然，年蓋九十餘矣。」〔註59〕徐渭在詩文中，對人的稱呼並不很隨便，如其文集中有：王生、俞生、任生、錢生、田生、袁生、柳生、鄒生等，卻不見「史生」，另外有某君、某先生、或稱其字號，對史槃則稱「史叔考」，如《送史叔考讀書兵坑》（《徐文長三集》卷八）、《雪中紅梅次史叔考韻》（《徐文長逸稿》卷四）《史叔考荷汀號篇》（《徐文長逸稿》卷四）。由此看來「史生」實乃「史甥」之誤，在徐渭畫作上不當發生這種如此低級的筆誤，如果確爲筆誤，也應該在畫卷中得到糾正。

3、相同兩首題畫詩重複出現於史甥兩畫卷

　　這兩件作品的書與畫風格相同，款印「青藤道士」與「湘管齋」，及其他凡兩畫卷裏同時出現之印章，如「文長」、「漱仙」、「海立」、「佛壽」、「金畾山人」，也都相同，可以確定這是同一作者所爲。從《又圖繪應史甥之索》的標題來看，兩卷所繪的時間相距不遠，但並不是一次完成送給「史甥」的。令人奇怪的是，兩畫卷上分別有兩首相同的《葡萄》詩：「昨歲中秋月倍圓，海南蚌母不成眠。明珠一夜無人管，迸向誰家壁上懸。」以及《春竹》詩：「修蛇有尾頻年墜，小鳳爲翎幾日成？輸與寒稍三十尺，春來衹用一雷驚。」（圖 4-21）雖然兩畫大小不同，從高度上比較，《雜花六段卷》只有《墨花九段卷》的三分之二，但他們的題畫書法的用筆結字幾乎沒有差別，甚至畫面的構成，也有幾分接近。即出現了類似「雙胞胎」性質的問題。從卷尾題詩來看，這兩卷都屬於即興之作，對於徐渭這樣的詩、書、畫大家，創作一首新詩，是易如反掌的事情，即使這兩卷不是送給同一人的花卉卷，作爲不同時間書寫的兩段文字，又怎麼會抄襲自己的書法呢？但凡稍有常識的書家，都知道這種情況是不會發生的，何況又是「酒後」之作呢？

〔註59〕徐定寶編著《黃宗羲年譜》，華東師範大學出版社 1995，第 14 頁。

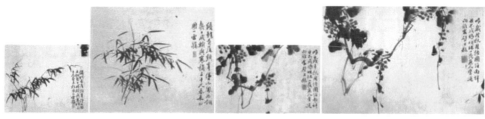

圖 4-21 《雜花六段卷》與《墨花九段卷》相同的《葡萄》和《春竹》部份（疑偽）

4、卷尾題畫詩的激情與畫面意境相游離

《畫百花卷與史甥，題曰：漱老譃墨》的詩題中有「戲譃」、「畫百花」，這與詩歌內「三合茅柴不成醉」、「墨色淋漓兩撥開」的意趣非常一致。而《又圖繪應史甥之索》也表明其「如椽大卷令吾畫」、「指尖浩氣響成雷」的氣勢。從這些語句中，我們不難感受到徐渭題詩作畫時的心情與節奏，應該是在極短的時間內創作完成的，畫面的處理方法應與南博《雜花圖卷》近似才對。即使分段，從卷尾詩歌的語氣來看，似乎也不應每段又有題畫詩，何況這些題畫詩的內容與卷尾詩歌意境又不能協調一致。如《雜花六段卷》除了《葡萄》、《春竹》外，還有：

> 姚黃魏紫懶迎眸，只貌劉家水牯牛。大葉大花惟墨瀋，莫教人擬綺爲樓。（牡丹）

> 莫訝春光不屬儂，一香已足壓千紅。縱令摘向韓娘袖，不作人間腦麝風。（蘭花）

> 扶筇九日龍山顚，便倦歸來一解眠。問酒偶然囊底澀，試將斑管取金錢。（菊石）

> 杜若青青江水連，鷓鴣拍拍下江煙。湘夫人正蒼梧去，莫遣一聲啼竹邊。（水仙竹）

「青青江水」、「夫人」「啼竹」等與「老來戲譃塗花卉」、「墨色淋漓雨潑開」的詩境一點也不同調。《墨花九段卷》中也有類似問題：

> 洛陽顏色太眞都，何用胭脂染白奴。足倚淇園一公子，瑯干隊裏出珊瑚（牡丹）

> 拂拂紅香滿鏡湖，採蓮人靜月明孤。空餘一隻徐熙手，收拾風光在畫圖。（蓮花）

> 西風昨夜太顚狂，吹損東籬淺淡妝，那得似餘溪楮上，一生偏耐九秋霜。（菊石）

閶闔前頭第一班，絕無煙火上朱顏。問渠何事常如此，不語行
拖雙玉環。（水仙竹）

從來不見梅花譜，信手拈來自有神。不信但看千萬樹，東風吹
著便成春。（梅石）

郴筆兩枝蕉一幅，雪菴曾送趙吳興。余今老手兼題詠，何必當
年王右丞。（芭蕉石）

蘭亭舊種越王蘭，碧浪紅香天下傳。近日焚香成秉束，一籃不
值五文錢。（蘭竹）

這些「拂拂紅香滿鏡湖，採蓮人靜月明孤」等，與「如椽大卷令吾畫」、
「指尖浩氣響春（成）雷」之間的意境也是不合拍的。

從畫面來看，畫卷中也難尋激情。從現存徐渭其他畫作來看，前面介
紹過的南京博物院藏《雜花圖卷》（蘇 24-0126）所展示的就是這種水墨淋
漓的勢韻。袁宏道對徐渭字畫也有評論：「強心鐵骨，與夫一種磊塊不平之
氣，字畫之中，宛宛可見。」其詩、書、畫理當相得益彰，如故宮博物院
藏《墨葡萄軸》（京 1-1839）就是這樣的佳作，與《畫百花卷與史甥，題曰：
漱老謔墨》文字所言「不求形似求生韻」、「能如造化絕安排」的追求相一
致，逸筆草草、豪放縱宕，確有「墨點無多淚點多」的「落魄」之感。張
岱（1597～1679？）《琅嬛文集》卷五有《跋徐青藤小品畫》曰：「今見青
藤諸畫，離奇超脫，蒼勁中姿媚躍出，與其書法奇崛略同。……餘亦謂：
青藤之書，書中有畫；青藤之畫，畫中有書。」〔註 60〕張岱所跋青藤小品
畫尚如此，何況此類富有激情的長卷呢？南博《雜花圖卷》的落款僅「天
池山人戲抹」六字，也與卷內激越的用筆特徵是合拍的。翁方綱題詩卷後
謂：「空山獨立始大悟，世間無物非草書。」這些真跡的題款與畫面之間都
不存在不協調的問題，我們再回看這兩件所謂的送史甥作品，詩中有畫，
而畫中無詩，詩與詩、詩與畫之間的游離與錯位，很難想像是出自徐渭手
筆。

〔註60〕　〔清〕張岱（1597～1679？）《琅嬛文集》卷五，上海雜誌公司 1935，第 146、
147 頁。

5、題畫的書法水平拙劣

對於題畫書跡的考察，是判斷畫作真僞的重要依據之一，徐渭的書法風格，筆者也曾作過探討，認爲徐渭的書法應該與歷史記錄的說法相一致，即：「於古法書多所探繹其要領」，用筆如「快馬斫陣」、「蒼勁中姿媚越出」。從南博《雜花圖卷》落款與故博《墨葡萄軸》的題畫可見其一斑，如果以這一標準來衡量兩花卉卷的題畫書跡，不但風格不類，其書法水平也遠迅於上文中所列舉的徐渭書法。用筆跳蕩飄忽而不沉實，結字多不合法度，行氣也不流貫，如「朱」、「藤」、「家」等結構方法單一；「都」、「韻」等偏旁怪異；「墨」、「柴」等的重心不穩；「闊」、「刺」等左右分離等，都顯得非常粗俗（圖 4-23）。放在「類能行草」的明人書法中，不要說好，就連一般也達不到。陶望齡說：「渭於行草書尤精奇偉傑」。袁宏道說：「決當在王雅宜、文徵仲之上」。此時所見，則顯然不符。

圖 4-23 《雜花六段卷》與《墨花九段卷》書法舉例（疑僞）

6、「湘管齋」印爲仿作

兩件作品所用朱文「湘管齋」印，與故宮博物院藏徐渭《墨葡萄》軸的「湘管齋」印很接近，除了「齋」字左下豎畫，及印之左邊欄都有破損外，僞印的用線及空間結構都不與故宮博物院藏徐渭《墨葡萄》軸的「湘管齋」印相同，它們決非同一方印，這也是作僞印而不能同的最常見的表現。（見圖 4-42、4-43）

7、李因篤的題跋不能作證

後人題跋，往往是作品真僞的一條有力的證明，但《雜花六段卷》後的李因篤（1631～1692）跋並不能證明此作品一定是真跡。他說：

> 畫品翛然絕塵，對之輒有振衣千仞之想，此卷蒼古不必論，而高情逸韻，識者自於筆墨之外遇之。絕代佳人，粗服亂頭，卻扇臨風，令六宮粉黛無色。

此跋先說徐渭之畫很有氣勢，「有振衣千仞之想」，又言其「蒼古」、「粗服亂頭」，從畫面看就不確；再有，李因篤〔註61〕跋中的藏家「子遠道盟兄」，指梁鉉（？～1715），字子遠。陝西三原人。清順治十二年（1655）進士。李因篤跋時，並未說明此卷的來歷，也未標明題跋時間，李因篤卒年有材料說是 1692 年〔註62〕，那麼，這個時間稍晚於《芥子園畫傳初集》出版時間，也是筆者認爲可能出現贋品的時段，李因篤跋本身可能沒有問題，但他的跋並不能確鑿證明此卷的可靠性。根據李因篤題跋的時間，反而可以推斷贋品出現的時間下限。

8、海外藏徐渭送史甥花卉卷二種質疑

徐渭送史甥花卉卷還有兩件見藏於日本，一是日本泉屋博古館藏《墨花四段卷》（JM13--004）〔註63〕卷尾題詩是《畫百花卷與史甥題曰「漱老譃墨」》（圖 4-24）與《徐文長三集》中也有些不同的字詞，其中「藤長刺闊臂幾枯」的「刺闊」，此卷作「荊闊」，「臂幾枯」，此卷作「臂欲枯」。

此卷只有四段，所畫還雜有蔬果、蟹、魚。其卷尾題詩見於《徐文長逸草》，名爲《題史甥畫卷後》的內容：

> 萬曆辛卯重九日，史甥攜豆酒河蟹換余手繪。時病起，初見無腸，欲剝之劇，即煮酒以啖之。偶有舊紙在榻，潑墨數種，聊以塞責，殊不足觀耳。天池山人徐渭書於葡萄最深處。〔註64〕

圖 4-24　日本泉屋博古館藏《墨花四段卷》

〔註61〕李因篤，字子德，一字天生，富平人。明庠生。博學強記，貫串注疏。舉博學鴻儒。

〔註62〕福建師範大學中文系古典文學教研室選注《清詩選》，標注李因篤生卒年爲1631～1692。人民文學出版社，2009，第 199 頁。彭鎮華主編《中國竹文化　綠竹神氣》選李因篤詩歌，生卒年注爲 1633～1706，中國林業出版社 2005，第699 頁。惠煥章等編著《500 景點遊遍陝西》，《李因篤墓》條下生卒年作 1633～1692，陝西旅遊出版社 2001，第 255 頁。哪一種說法爲準，待考。

〔註63〕鈴木敬編《中國繪畫綜合圖錄》的編號，下同，東京大學出版社 1982～1992。

〔註64〕〔明〕徐渭《徐文長逸草》卷二，《徐渭集》，第 1095 頁。

　　《畫百花卷與史甥題曰「漱老譴墨」》與《題史甥畫卷後》的標題可以判斷，本爲兩幅不同的畫卷所題兩段文字，今合爲一卷，謬矣。卷中又有題詩「五十九年貧賤身」句，而「萬曆辛卯」爲 1591 年，此時徐渭已七十一歲了，一般情況下不當用此詩題畫。

　　二是日本國立博物館藏《木犀雨時書卷》（JM1-131）。卷尾題畫詩是《又圖繪應史甥之索》之內容。此卷「史生甥親攜八升來，如椽大卷令吾畫。」的「攜」，徐渭文集中作「挈」。落款爲：萬曆三年（1575）菊月望日漱老譴墨。

　　從《畫百花卷與史甥題曰「漱老譴墨」》可知，題曰「漱老譴墨」爲《畫百花卷與史甥》所題，而非《又圖繪應史甥之索》所題之內容。其卷中的題畫詩與前文分析的一樣，詩畫之間沒有必然的呼應與關聯。此卷署款是「萬曆三年」，而《墨花九段卷》是「萬曆壬辰」（萬曆二十年），可見僞品署款時間的隨意性。

　　從其尾部題畫詩書法風格來看，似模仿故博《墨花九段卷》卷尾題詩，而卷中書法又呈現多種風格，又不同於卷尾題詩。其中有題葡萄詩一首「半生落魄已成翁，獨立書齋嘯晚風。筆底明珠無處賣，閒拋閒擲野藤中。」（圖4-25）書法風格與故博《墨葡萄軸》題畫詩的書法風格相距甚遠。

圖 4-25　日本國立博物館藏《木犀雨時書卷》（疑僞）

　　總之，《雜花六段卷》和《墨花九段卷》，鑒於卷尾題畫詩與徐渭文集所收詩歌之間有矛盾；畫卷中的題畫詩有「雙胞胎」問題；卷尾題畫詩與卷內題畫詩的意境相牴牾，畫面意境與卷尾題畫詩的激情相游離，造成了極不協調的組合；且書法風格與歷史記錄不吻合，書法水平較差；其繪畫風格也與歷史的評價有出入；用印也存有疑問。所以說，這兩件作品暴露了諸多難以自圓其說的破綻，與徐渭原本風格相差更遠。**海外藏徐渭送史甥花卉卷二種質疑**，畫面與詩文的組合方式有問題，其題款書法與《雜花六段卷》和《墨花九段卷》書法又有不同（圖4-26），與徐渭書法風格相去更遠。

《雜花六段卷》與《墨花九段卷》卷尾部份（疑偽）

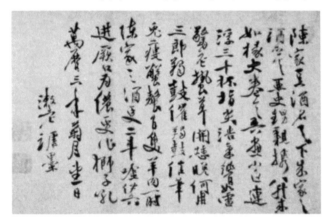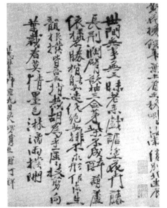

圖 4-26　日本藏《墨花四段卷》、《木犀雨時書卷》卷尾題畫詩（疑偽）

六、以「花卉十六種詩」爲題的書畫作品九種辨析

　　題畫詩是中國詩歌史上別具風味的一種，從東坡「味摩詰之詩，詩中有畫；味摩詰之畫，畫中有詩」〔註65〕這一名句出，人們對於詩畫關係的探討，便不絕如縷。從內容上講，題畫詩以詩眼觀畫，與畫互補或多有生發，乃可吟詠畫外之音，如宋代孫紹遠作《聲畫集》，收錄的是唐宋（截止淳熙前）題畫、觀畫之詩，爲中國第一部題畫詩選集。題畫詩的得名也源之於詩，如杜甫詩歌中有《題壁上韋偃畫馬圖》、《戲題王宰山水圖歌》等。沈德潛《說詩晬語》卷下說：「唐以前未見題畫詩，開此體者，老杜也。」〔註66〕從形式上說，題畫詩是詩與畫兩種不同藝術表現手段的結合體，實際上早期的題畫詩

〔註65〕　〔宋〕阮閱《詩話總龜》卷八，文淵閣《四庫全書》本。
〔註66〕　〔清〕沈德潛《說詩晬語》卷下，《叢書集成續編》本。

多爲他人題畫，到了元明以後，因爲「文人畫」的發展，除了畫面題款以外，自己直接題詩於畫幅之上的題畫詩才大行其道，這類題畫詩與《聲畫集》所收錄題畫、觀畫之詩有很多異趣。首先，很多爲作者本人所吟詠，並非觀畫所得之靈感，而是作者心中所想與畫共時而生之情感。徐渭的題畫詩是徐渭詩歌中的一朵奇葩，如北京故宮博物院藏《墨葡萄》軸，其題畫詩就是詩畫結合的典範：「半身落魄已成翁，獨立書齋嘯晚風。筆底明珠無處賣，閒拋閒擲野藤中。」離開了具體的畫作，此詩感人的分量則會大打折扣，所以說，詩、書、畫技藝能夠萃聚於一身，落墨於一紙，並得到相得益彰的，歷來鳳毛麟角。很可惜的是我們今天所能見到的如徐渭《墨葡萄》軸這般精彩之作太少了。是徐渭妙手偶得之嗎？徐渭還有此類作品存世嗎？署名徐渭的有題畫詩的書畫作品並不少，但大都不太可信，在徐渭《徐文長三集》中收有「畫十六種花」古詩一首，以此內容進行書畫創作的作品目前可見九件，其內容是：

客強予畫十六種花，因憶徐陵《雜曲》中「二八年時不憂度」之句作一歌，因爲十六種花姨歌舞纏頭，亦便戲效陵體，用陵韻。

東鄰西舍麗難儔，新屋棲花迎莫愁。蝴蝶固應憎粉伴，牡丹亦自起紅樓。

牡丹管領春穠發，一株百蒂無休歇。管中選取八雙人，紙上嬌開十二月。

誰向關西不道妍，誰數關頭見小憐。儂爲頃刻殷七七，我亦逡巡酒裏天。

昭陽燕子年年度，誰能鏡裏無相妬。鏡中顏色不長新，畫底胭脂翻能故。

花姨舞歌石家香，依舊還歸紙硯光。莫爲弓腰歌一曲，雙雙來近畫眠床。〔註67〕

查徐陵《徐孝穆集》，《雜曲》中確有「二八年時不憂度」句，〔註68〕可見徐渭所憶是正確的。從詩歌內容來看，徐渭並沒有詳細記錄此次所畫十六種花爲什麼品種，故我們無法作詳細考察，但其中隱約可見的有管領春風的

〔註67〕〔明〕徐渭《徐文長三集》卷五。《徐渭集》，第150頁。
〔註68〕〔南朝〕徐陵《徐孝穆集》（徐文炳增補本）卷一，摛藻堂《四庫全書薈要》本。原詩爲：「傾城得意已無儔，洞房連閣未消愁。宮中本造鴛鴦殿，爲誰新起鳳皇樓。綠黛紅顏兩相發，千嬌百念情無歇。舞衫回袖勝春風，歌扇當窗似秋月。碧玉宮伎自翩妍，絳樹新聲最可憐。張星舊在天河上，從來張姓本連天。二八年時不憂度，旁邊得寵誰相妒。立春曆日自當新，正月春幡底須故。流蘇錦帳掛香囊，織成羅幌隱燈光。只應私將琥珀枕，冥冥來上珊瑚床。」

「牡丹」等花卉，借傳說中的仙人「殷七七」之幻術，合四季之花併於一件作品。至於作品的樣式，是立軸還是長卷，抑或是冊頁，不得而知，但從作詩的題記「作一歌」中，我們可以知道，這是一首爲畫而作的即興式題畫詩。沒有特殊情況，這件作品應該只有一件才合理，而今署名徐渭並與此詩相關的書畫卷軸作品有九幅，很可疑。具體辨析如下：

（一）畫軸二件

1、臺北故宮博物院藏《花竹》軸（圖 4-27）

臺北故博藏《花竹》紙本，縱 337.6cm，橫 103.5cm，墨筆畫十六種花。自題七言古詩一首，即《徐文長三集》中收有《客強予畫十六種花……》（下文簡稱《花姨十六種》），著錄於《石渠寶笈》初編（御書房）卷三十八：明徐渭《花竹》一軸，素箋本墨畫。

著錄時注明用印及畫軸尺寸：下有「天池山人」、「青藤道士」、「湘管齋」三印，前有「公孫大娘」一印。軸高一尺五寸，廣三尺二寸三分（按：高、廣顛倒，誤記）。其內容與徐渭文集所收基本一致，稍有不同。落款爲：天池道士渭。〔註69〕

2、美國費城藝術院藏《花竹》軸〔註70〕

紙本，縱 332.7cm，橫 99.1cm，墨筆畫十六種花。落款爲：天池道人渭。下有「天池山人」、「徐渭之印」、「湘管齋」三印，前有「公孫大娘」一印。詩歌內容是：

> 東家西舍麗難儔，新屋棲花迎莫愁。蝴蝶故應憎粉伴，牡丹亦自起紅樓。
>
> 牡丹管領春穠發，一株百蒂無休歇。管頭選取八雙人，紙上嬌開十二月。

〔註69〕臺北故博藏《花竹》題畫詩內容：「客強余畫十六種花，因憶徐陵《雜曲》中「二八年時不憂度」之句作一歌，因爲十六花姨舞歌纏頭，亦便戲效陵體用陵韻。東鄰西舍麗難儔，新屋棲花迎莫愁。蝴蝶故應憎粉伴，牡丹亦自起紅樓。牡丹管領春穠發，一株百蒂無休歇。管中選取八雙人，紙上嬌開十二月。誰向關西不道妍，誰數關頭見小憐。儂爲頃刻殷七七，我亦逡巡天裏天。昭陽燕子年年度，誰能缽裏無相妒。缽中顏色不長新，畫裏胭脂翻能故。花姨舞歌石家香，依舊還歸紙硯光。莫爲弓腰歌一曲，雙雙來近畫眠床。」見《歷代繪畫大系》，臺北故宮博物院出版 2008。

〔註70〕《文人畫粹編 第五卷 徐渭 董其昌》著錄名爲《十六花姨圖》，日本中央公論社出版昭和 53 年（1978 年）。

　　誰向關西不道妍，誰數關頭見小憐。儂爲頃刻殷七七，我亦逡巡酒裏天。

　　昭陽燕子年年度，誰能鏡裏無相妬。鏡中顏色不長新，畫裏胭脂翻能故。

　　花姨舞歇石家香，依舊還歸紙研光。莫爲弓腰歌一曲，雙雙來近畫眠床。

圖 4-27　臺北故宮博物院藏《花竹（十六種花）》軸紙本，縱 337.6cm，橫 103.5cm（疑僞）

圖 4-28　美國費城藝術院藏《花竹》軸（《文人畫萃編》名為《十六花姨圖》）
紙本，縱 332.7cm，橫 99.1cm。（疑偽）

美國費城藝術院藏《花姨十六種》軸（圖 4-28）的畫面構圖方法與臺北卷比較接近，只是臺北的題畫詩寫在畫面的左上角，而美國藏的題畫詩寫在畫面的右上角。題畫詩內容比較接近《徐文長三集》。臺灣梁一成先生在其《徐渭的文學與藝術》一書中（名爲徐渭《花竹軸》）以爲美國的可能是仿作，而臺北的比較可靠。他比較說：

> 費城本石頭墨色較重，略欠自然。「東鄰」作「東家」、「固因」作「故因」、「畫眠」作「晝眠」，與集中詩不合。更可注意的，出於袁宏道評本的《青藤書屋集》原詩結束作「晝眠床」，與費城本相同。兩畫「故應」作「固應」與商本、袁本集中詩均不同。故宮本爲文長眞跡，是沒有問題的，費城本是文長自己畫的另一幅，還是史槃等人的摹本，有待論定。〔註71〕

筆者以爲，如果從書法風格來看，對於過份接近的這兩幅畫軸（見圖 4-19），也不排除是同一人根據《花卉十六種詩》僞造的兩件了贗品。

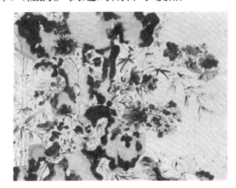

圖 4-28　臺北故宮博物院藏《花竹（十六種花）》軸（局部）與美國費城藝術院藏《花竹》軸（局部）比較

（二）畫卷（冊）四種

1、《徐天池花卉冊》（冊為卷改）

《徐天池花卉冊》〔註72〕共畫花果十六幅，並題畫詩十六首，此冊最後還有《花姨十六種詩》一頁（圖 4-30）。其內容與《徐文長三集》所收《畫花十六種》詩有所不同，具體如下（相異處用重點號表示）：

〔註71〕梁一成《徐渭的文學與藝術》，臺北藝文印書館中華民國六十六年（1977），第 99 頁。

〔註72〕徐渭《徐天池花卉冊》神州國光社民國二十九年珂羅版影印，張大千曾藏，原件不知藏處。

　　賦得「二八年時不憂度」，此江揔《雜曲》中句，余寫花十六種已
而作歌，遂用其韻，並效其體。

　　東家（此處缺字）麗難儔，新屋棲花迎莫愁。蝴蝶未須偷粉的，
牡丹自解起紅樓。

　　牡丹管領春穠發，千株百蒂無休歇。管頭選取八雙人，紙上嬌
開（一）十二月。

　　誰向關西不道妍，誰數灣頭見小憐。儂爲頃刻殷七七，我亦逡巡
酒內天。

　　昭陽燕子年年度，鏡裏那能不相妬。鏡中顏色不長新，畫裏燕支
翻能故。

　　花姬舞歇石家香，依舊還歸紙研光。莫爲弓腰歌一曲，雙雙來近
畫眠床。

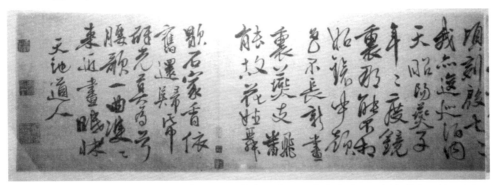

圖 4-30　神州國光社珂羅版《徐天池花卉冊》尾頁花卉十六種詩題款（疑僞）

　　如《徐文長三集》中作「一株百蒂無休歇」，而此冊作「千株百蒂無休歇」。
「東鄰西舍」作「東家」，並丟了「西舍」；「蝴蝶固應憎粉伴，牡丹亦自起紅
樓」作「蝴蝶未須偷粉的，牡丹自解起紅樓」；蝴蝶身體帶粉，故名粉蝶。唐
韓偓《蜻蜓》詩有：「碧玉眼睛雲母翅，輕於粉蝶瘦於蜂。」後蜀毛熙震《清
平樂》詞：「粉蝶雙雙穿檻舞，簾卷晚天晴雨。」〔註73〕清龔自珍《菩薩蠻》
詞：「無言垂翠袖，粉蝶窺人瘦。」〔註74〕故「同伴」稱「粉伴」比較形象，
「未須偷粉的」則令人費解。「誰數關頭見小憐」，「關頭」作「灣頭」，「誰能
鏡裏無相妬」作「鏡裏那能不相妬」，「花姨」作「花姬」。

〔註73〕俞陞雲撰《唐五代兩宋詞選釋》，上海古籍出版社1985，第82頁。
〔註74〕〔清〕龔自珍《龔自珍全集》（下），中華書局1959，第541頁。

　　「賦得」的意是，凡摘取古人成句爲詩題，題首多冠以「賦得」二字。如南朝梁元帝有《賦得蘭澤多芳草》一詩。科舉時代的試帖詩，因試題多取成句，故題前均有「賦得」二字。亦應用於應制之作及詩人集會分題。後遂將「賦得」視爲一種詩體。即景賦詩者也往往以「賦得」爲題。《徐天池花卉冊》曰：「賦得「二八年時不憂度」，此江揔〔註75〕《雜曲》中句，余寫花十六種已而作歌，遂用其韻，並效其體。」雖然江揔沒有此《雜曲》，我們也可以解釋爲徐渭記錯，但總覺得與原題相比不太自然，因客「強予畫十六種花」，才憶句作一歌，又「因爲十六種花姨」才「戲效陵體，用陵韻」，並非因賦得「二八年時不憂度」句才作畫，應該是作僞者故意改動，而非徐渭原句。

　　另，從此花卉冊末尾的題詩以及冊中印刷的圖版大小來看，並不是統一規格的冊頁，故推斷其爲印刷的方便而把卷改冊影印，所以此冊原名也應當叫做《花卉十六種卷》。

2、故博藏《花卉十六種圖》卷與上博藏《雜花卷》

　　故宮博物院藏《花卉十六種圖》卷（京 1-1819）後題有《畫花十六種詩》（圖 4-31），此卷被錄入劉九庵、傅熹年先生負責審定的《中國繪畫全集》〔註76〕，其卷尾題畫詩的序，以及詩歌內容都同《徐天池花卉冊》，甚至其每一行的字數、字形都與《徐天池花卉冊》相似，以至「莫爲弓腰歌一曲」的「弓」字第二筆橫畫寫得太長，幾乎不可識讀。而《徐天池花卉冊》卷尾題畫詩的首句缺「西舍」二字，故宮博物院卷則是丟了後補的。從書法的角度來看，也沒有《徐天池花卉冊》爽利。故宮博物院《花卉十六種圖》卷中所收十六首詩歌與《徐天池花卉冊》中的十六首完全不同，卻與上博《雜花卷》卷（滬 1--1112）的題畫詩有十五首幾乎相同，有抄襲篡改的嫌疑（圖 4-32）。具體比較如下（不同處用重點號表示）：

〔註75〕 江揔（一般寫作：江總，字揔持。南史作江揔，字揔持），生於南朝梁武帝天監十五（516）年，卒於陳宣帝太建十三（581）年，濟陽考城人。仕梁、陳、隋三朝。好學、能屬文，尤善五、七言詩，然傷於浮豔。爲陳後主所幸。明人輯有《江令君集》。《陳書》卷二十七、《南書》卷三十六皆有傳。

〔註76〕 《中國繪畫全集 15 明 6》（中國美術分類全集），浙江人美與文物出版社 2000 聯合出版。

序號	上博《雜花卷》卷中題畫詩	故博《花卉十六種圖》中題畫詩	備註
1	墨中遊戲老婆禪，長被參人打一拳。涕下胭脂不解染，眞無學畫牡丹緣。	墨中遊戲老婆禪，長被參人打一拳。涕下臙支不解染，眞無學畫牡丹緣。	
2	虢姨騎馬去朝天，淡掃蛾眉眞可憐。不識馬頭毬兩串，也如枝上粉團團。	虢姨騎馬去朝天，淡掃蛾眉眞可憐。不識馬頭毬兩串，也如枝上粉團團。	相同
3	蘭亭舊種越王蘭，碧浪紅香天下傳。近日焚香成秉束，一籃不值五文錢。	蘭亭的舊越王蘭，碧浪紅香天下傳。近日焚香成把束，一籃不值五文錢	
4	搏泥作餅給兒童，腹裏饑雷轉更攻，我畫杏花都未了，流涎忽憶海棠紅。	搏泥作餅給兒童，轉覺饑雷腹裏攻，我畫杏花渾未了，流涎忽憶海東紅。	
5	羅敷不更嫁兒夫，使君黃金空滿車。獨自年年秋浦立，只疑何故不沉魚。	羅敷不再嫁兒夫，使君黃金空滿車。獨自年年秋浦立，卻疑妙色不沉魚。	
6	略用胭脂染一堆，蛟潭錦蚌掛人眉。山深秋老無人摘，自迸明珠打雀兒。	若用胭脂染一堆，蛟潭錦蚌掛人眉。山深秋老無人摘，自迸明珠打雀兒。	
7	丹墨毫釐有是非，莫因草木便輕微。中間一寸靈砂紫，隨著金烏到處飛。	丹墨毫釐有是非，莫因草木便輕微。中間一寸靈砂紫，隨著金烏到處飛。	相同
8	庭前自種忘憂草，眞覺憂來笑輒緣。今日貌儂歡喜相，煩儂陪我一嫣然。	庭前自種忘憂草，眞覺憂來笑輒緣。今日貌儂歡喜相，煩儂陪我一嫣然。	相同
9	人如酗酒用花酬，長掃菊花付酒樓。昨日重陽風雨惡，酒中又過一年秋。	人如酗酒用花酬，每掃菊花付酒樓。昨日重陽風雨惡，酒中又過一年秋。	
10	一江秋水碧漪漪，波上夫人淡掃眉。正遇琴高歸月下，送將赤鯉與仙騎。	一江湘水碧漪漪，波上夫人淡掃眉。正遇琴高歸月下，讓將赤鯉水仙騎。	
11	昨圖鐵干與木瓜，不盡餘紅染碎霞。都賞垂絲春酒盡，不知秋有海棠花。	昨圖鐵干與木瓜，不盡餘煙染墨霞。都賞垂絲春酒盡，誰知秋有海棠花。	
12	老子從來不遇春，未因得失苦生嗔。此中滋味難全說，只寫芙蓉贈別人。	老子從來不遇春，未因得失苦生嗔。此中滋味難全說，故寫芙蓉贈與人。	
13	聞道昆明池水東，四時都賞寶珠紅。世味長穠不長久，所貴鶴頭紅雪中。	聞道昆明池水東，四時都賞寶珠紅。世味長穠不長久，所貴鶴頭紅雪中。	相同
14	曾聞餓倒王元章，米換梅花照絹量。花墨誰低貧過爾，絹量今到老文長。	曾聞餓倒王元章，米換梅花照絹量。花手雖低貧過爾，絹量今到老文長。	
15	臘月八日涉筆神，水仙旁夾竹嶙峋。正如月下騎鸞女，何處堪容噉肉人。	老夫墨掃草間秋，六瓣尖尖學色流。用盡邢州沙萬斛，未便琢出此搔頭。	完全不同
16	雪鋒霜陣誰能殿，故寫此君花後叢。昨損青蛇三百萬，滕膠蛇腦放蜈蚣。	雪鋒霜陣誰能殿，故寫此君花後叢。昨損青蛇三百萬，滕膠蛇腦放蜈蚣。	相同

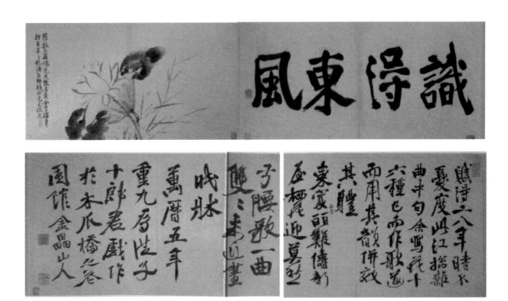

圖 4-31　故宮博物院藏《識得東風》卷首、尾等（疑偽）

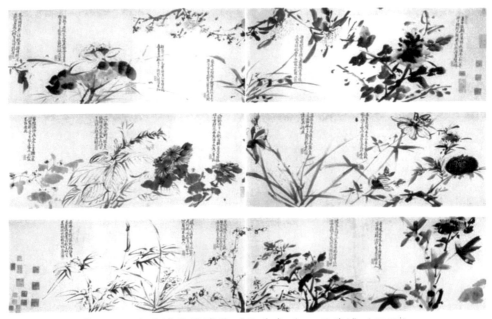

圖 4-32　上海博物館博藏《雜花卷（16 種花)》（疑偽）

　　故宮博物院藏《花卉十六種圖》卷所畫內容與上博《雜花卷》卷所畫順序不同，故題畫詩的順序也不同。這些詩歌只有第二首《粉團》見《徐文長逸稿》卷八，其他在徐渭文集中未見（上博《雜花卷》無卷尾題畫詩與落款）。

從題畫詩的內容來看，上博卷第四首的「海棠紅」，故博爲「海東紅」；上博卷第十首的「送將赤鯉與仙騎」，故博爲「讓將赤鯉水仙騎」；上博卷第十一首的「不盡餘紅染碎霞」，故博爲「不盡餘煙染墨霞」等。

　　從書法上比較，它們也有幾分相像，最典型的是故博與上博卷十六首題畫詩的後面都蓋有很相似的「孺子」白文豎長形印。上博卷沒有落款。從畫面來看，牡丹、梅花等畫法也都有模仿被模仿的可能。故博卷款曰「萬曆五年（1577）重九爲從子十郎君戲作於木瓜橋之花園館，金罍山人。」萬曆五年爲徐渭出獄不久，還沒有南京訪友的經歷，繪畫還處於起步階段，這也是令人懷疑的原因之一。

　　卷首的「識得東風」四個大字。可能源於陸時化《吳越所見書畫錄》〔註77〕裏著錄的《墨花卷》上的「東風識面」。作僞者也可能是想以著錄書爲其打掩護。如果此說成立，那麼此卷僞作出場的時間肯定晚於此著錄書的成書年代（1776年）。當然，也不排除著錄中的贗品仿之於故宮博物院《花卉十六種圖》卷。

　　上博《雜花卷》也同樣值得懷疑。它被《過雲樓書畫記》著錄，記爲《徐天池墨花卷》（圖4-33）：

　　　　……此卷前後有沈春澤雨公，秋雪堂書畫印諸鈐記，乃虞山沈氏舊藏。春澤字雨若，喜爲詩，疏疏清出；亦善畫蘭竹。見《懷舊集》。又《浪齋新舊詩》〔註78〕有《沈雨若見示徐文長畫雜花卷》云：「徐生畫花備四時，惟須佳墨與胭脂。」又云：「寒幹疏梅開遠天，敗荷枯荻淡多煙。高情豈必求形似，蜜蜂蝴蝶生其間。」即題此也。卷中自牡丹轉官毯，至水仙鉤勒竹，爲花十六種。但用破墨胭脂信手塗抹，妙在無一筆似處，然其妙卻又在無一筆不相似也，才足稱天仙化人之筆。花間各題絕句。……後幅有宋獻獻孺、宋之繩其武諸印，別紙有獻五跋及王武跋。獻孺宮中舍，見《容臺集》；其武官翰林，見《堯峰文鈔》。又堯峰《忘庵王先生傳》云：「王先生武，字勤中，明太傅文恪公六世孫。」即世所稱忘庵老人也。〔註79〕

〔註77〕　〔清〕陸時化《吳越所見書畫錄》，《中國書畫全書》第八冊，第1023頁。
〔註78〕　〔清〕徐波《浪齋新舊詩》，同治間刻，中國科學院圖書館藏。徐波或作徐步波（俟考），字元歎。江蘇吳縣人，生於萬曆庚寅（1690），卒年不詳。
〔註79〕　〔清〕顧文彬《過雲樓書畫記》卷五。蘇州顧氏家刊本。

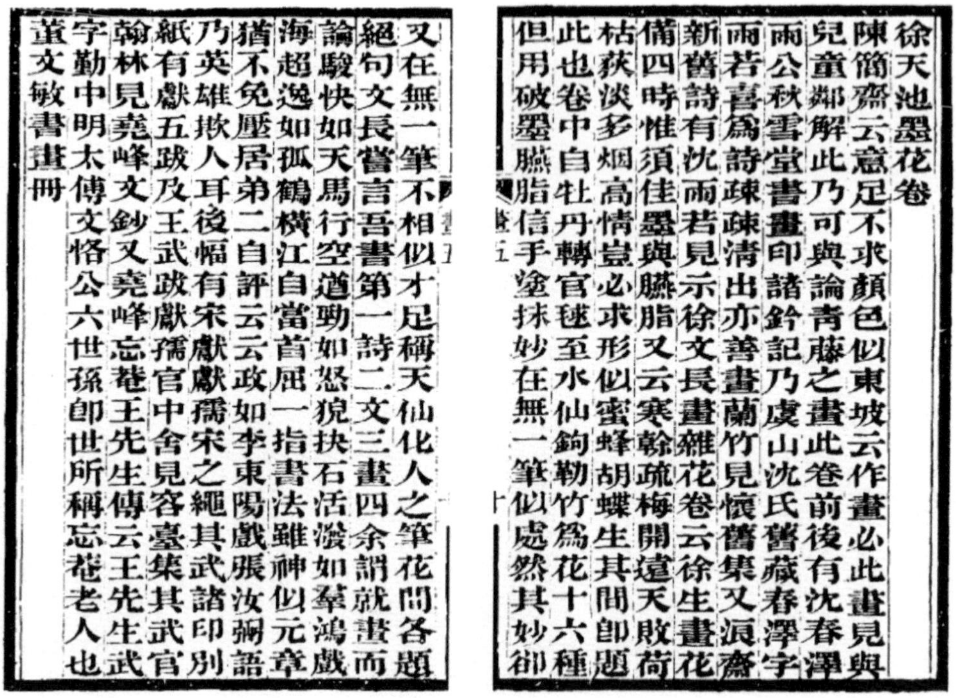

圖 4-33 顧氏家刊本《過雲樓書畫記》書影

　　雖然顧文彬對其家藏書畫嚴格把關，但畢竟遠離了徐渭的時代，且徐渭贗品已經大盛。讀其著錄的內容，筆者以為也有自相矛盾之處。從畫卷來看，如果說「寒幹疏梅」尚可，但並沒有浪齋所記之「敗荷枯荻」之景。相反卻是蓮花盛開、杏花正紅。此畫恐怕非《浪齋詩》中所記之《沈雨若見示徐文長畫雜花卷》，既然如此，把此卷定為浪齋所見的沈雨若藏品，就不能成立。另，此畫也有可能根據《花卉十六種詩》而作偽的，又因《浪齋新舊詩》有《沈雨若見示徐文長畫雜花卷》，故偽造了「沈春澤印」、「沈雨公印」及「虞山沈郎」等印來障人耳目。再說，此「沈雨公」是否為沈春澤也很難說，劉九庵《宋元明清書畫家傳世作品年表》1664 年記有沈祁（字雨公）的一幅《竹石水仙圖扇》〔註80〕，從時間上來說，相距也不太遠。會不會是沈祁呢？待考。

　　沈雨若的年齡不詳〔註81〕，劉九庵《宋元明清書畫家傳世作品年表》中錄入故宮博物院藏沈春澤（1628 年）一幅《蘭石圖》〔註82〕，另鍾惺（1574

〔註80〕劉九庵《宋元明清書畫家傳世作品年表》，上海書畫出版社 1997，第 441 頁。
〔註81〕〔明〕沈春澤，字雨若、號竹逸。出身年月不詳。《明畫錄》排在邢桐（1551年生）之後。
〔註82〕劉九庵《宋元明清書畫家傳世作品年表》上海書畫出版社 1997，第 338 頁。

～1624）還有寫過《沈雨若時義序》〔註83〕，其當與鍾惺年齡相仿。如果此卷眞的是沈雨若藏過，在徐渭已走紅的情況下，此卷沒有落款爲何不作一跋來說明情況呢？此卷從己卯後可謂一跋再跋，己卯（1639）、辛巳（1641）、弘光元年（1644）、丙戌（1646），在此以前卻無跋。從本文附表一《徐渭書畫接受簡表》所反映的情況來看，1639 年前還很少有文獻記載徐渭作品上有題跋的，前文僅見過 1624 年並不可靠的馮銓題跋。

　　此作上的題畫詩很多，閒章也很多，「湘管齋」作爲騎縫印蓋了三次，說明作者非常重視此作，花了很多時間去蓋印，卷後還有餘紙卻不捨得用筆墨去落名款，令人費解。從第十四首題畫詩「米換梅花照絹量」、「絹量今到老文長」來看，似乎爲晚年「換米」而作，但題畫書法風格也與徐渭不同。

　　此類畫風比較少見，筆者發現此畫與廣東省博物館藏《梅竹圖》軸（圖 4-34）的畫風完全相同。印「文長」、「金罍山人」、「花暗子雲居」、「湘管齋」與上博《雜花卷》也相同。有趣的是《梅竹圖》也只有題畫詩「一妹提紅拂，三豐下白鸞」十個大字和作爲訂正的「白作墨」三個小字，也無徐渭的名款。我們不禁要問爲何這一風格的作品都只蓋印不題款呢？

圖 4-34　廣東省博物館藏《梅竹圖》軸（疑僞）

3、上海崇源拍賣 2004 拍品《雜花十六種》卷

　　上海崇源拍賣 2004 拍品《雜花十六種》卷從題識到題畫詩的缺字，都與《徐天池花卉冊》都相同（圖 4-35），如：「東鄰西舍」作「東家」，缺「西舍」；「紙上嬌開一十二月」多「一」字等，甚至連「湘管齋」印章左下的斷筆也都模仿，如果不是通過書法比對來觀察，眞不太容易判斷其爲仿作。從用筆結字的角度，可以很明顯地感受到其刻意臨仿的痕跡。

〔註83〕〔明〕鍾惺《隱秀軒集》，上海古籍出版社 1992，第 285 頁。鍾惺的《沈雨若時義序》曰：「吾友沈雨若，高才博學，奇趣深心，善詩而工時義。然而恒病，病幾不能就試。就試矣，吾爲之喜。已而試不中，吾私爲之戚。雨若亦若有怏怏者。」其文還引雨若自言：「吾非怏怏於文之工而不得，退而無以自處也。吾以爲怏怏者，……自今以後者，得失一勿敢問，專待子敘以不朽吾文也。」

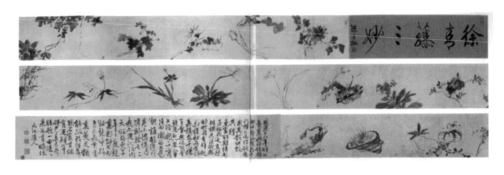

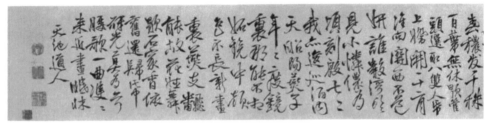

圖 4-35　上海崇源拍賣 2004 拍品《雜花十六種》卷（疑偽）

（三）《花卉十六種詩》行書卷三種

1、湖南博物館藏《花卉十六種詩》行書卷（湘 1-009）

此行書卷未附於畫卷後，獨立成卷，且無小序（圖 4-36）。書法同《徐天池花卉冊》後題詩，內容卻同《徐文長三集》中的詩，並且缺詩的序言部份。

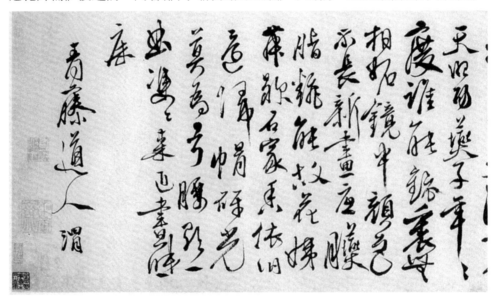

圖 4-36　湖南博物館藏《花卉十六種詩》行書卷尾部份（疑偽）

2、浙江紹興市博藏《花卉十六種詩》行書卷（浙 18--003）

此卷內容與書法風格完全同故宮博物院藏《花卉十六種圖》卷尾題詩（圖 4-37），可能因為是臨仿之作，所以用筆略顯方拙、遲疑、生硬，故疑偽。

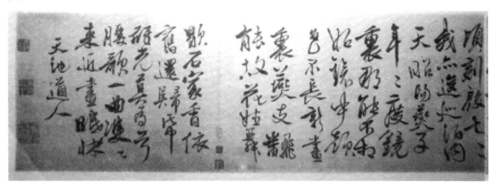

圖 4-37　紹興市博物院藏《花卉十六種詩行書卷》首、尾部份（疑偽）

3、東方藝都拍品徐渭《花卉十六種詩》行書卷

《花卉十六種詩》行書卷前有俞樾〔註 84〕（1821～1907）題首「天池山人遺墨」，後有狄平子〔註 85〕乙丑（1925 年）題「徐渭詩墨」，從書法的章法到用筆細節細節來看，都與湖南博物館長卷極其相似。

綜合看來，不管是書寫內容有問題的《徐天池花卉冊》，還是書寫內容沒問題湖南博藏《花卉十六種詩》行書卷，或者是臺北故宮的《花竹軸》、美國費城的《花竹》軸，它們的書法風格都與真徐渭的書法風格不同，而與中國歷史博物館藏《雜花六段卷》及故宮博物院《墨花九段卷》等偽作相近，這是最值得懷疑的。再加上他們自身的用筆、結字、文句之間錯綜複雜的關係，都表明這些作品之間存在「姻親」關係，或為「同胞」、或為「父子」（圖 4-38）。但這些作品都堂而皇之地以徐渭的面目展示在公眾的眼前，卻不能得到很好的鑒別，充分說明我們對徐渭書畫風格「影蔽」問題的知之甚少。

〔註84〕〔清〕俞樾字蔭甫，自號曲園居士，浙江德清人。
〔註85〕〔清〕狄平子（1872～約 1941）即狄葆賢，號平子，字楚青，一字楚卿，別號平情居士、平情客。室名寶賢庵、平等閣。江蘇溧陽人，擅詩、文、書、畫，家富收藏，精鑒別，作山水，書法晉人。鼓吹變法，與譚嗣同交往。創辦《時報》，開設有正書局。擅詩詞，工書畫，精鑒別。

圖 4-38 徐渭「花卉十六種詩」卷冊五種對照圖,從上往下分別是:
1、湖南省博物館藏《花卉十六種詩》行書卷(疑偽)。
2、東方藝都拍品《徐渭書法花卉十六種詩》行書卷(疑偽)。
3、神州國光社珂羅版《徐天池花卉冊》題畫詩(疑偽)。
4、故宮博物院藏《花卉十六種圖》卷(疑偽)。
5、浙江紹興市博藏《花卉十六種詩》行書卷(疑偽)。

第三節　徐渭書畫「影蔽」類型分析

　　我們在研究中國畫或中國書法時會感到一個畫家或書家,在不同的創作時間與創作背景下,經常出現所謂的多面性與多變性。而就中國畫來說,由於題材內容、尺幅款式、紙絹質地、水墨色彩等多重因素的影響,也往往會

使一個畫家呈露出多種風格。對於水墨紙本來說，墨色的暈染顯然過於絹本，加之繪畫作品取材對象的豐富性，畫家一生中也會嘗試多種表現手法，這些情況都增加了後世鑒定的難度。

對於徐渭書畫作品的鑒定分析也當如此，需要將作品放在特定的創作時空裏，品味其特有的藝術形象及其趣味。徐渭繪畫以「花草竹石」與陳淳並稱「青藤白陽」，因徐渭真跡難得，故作偽者所作花卉有不少仿陳淳與沈周寫意一路，從時代上看，與徐渭相去不遠，但他們所追求的意趣卻有別。

以南京博物院藏徐渭《雜花圖卷》（蘇 24-0126）為例，水墨淋漓，自有一股不平之氣充斥其間，而今所見水墨渙散者則不可與之相提並論。或以為代表作畢竟是少數，其實不然，從書法的角度去對偽作進行考證的過程中可見，凡其真跡都爽爽有神，而疑偽之畫，其題畫之書法也同樣差之遠甚。作為詩書畫都堪稱大家的徐渭，其詩、書、畫理當相得益彰，如故宮博物院藏《墨葡萄》軸，豈有不合之理！繪畫當以「運筆如風」、「水墨絪縕」的意趣來考量，如果說贗畫也能找到與徐渭相似點的話，也僅僅是「青藤白陽間」的意趣，這類作品具有有一定欺騙性。徐渭繪畫自有為大家公認的代表作可資比較，但對其繪畫風格的認識依然為贗品畫作干擾，徐渭書法的風格，當以萬曆《紹興府志》記錄的「於古法書多所探繹其要領」和袁宏道「蒼勁中姿媚躍出」等評語作為參照。

徐渭書畫受被大量贗品衝擊，以至真實的風格被「影蔽」的現象，其歷史原因是真跡留存太少，又多為普通的私家收藏（今真跡被著錄的時間都偏晚），所以只能偶然被愛好者提及。一旦有了接受的契機，其獨特的表現方式以及強烈的視覺衝擊，當激發起畫家的創作欲望，以至其風格在畫苑流傳，當很多人想尋找徐渭真跡書畫的時候，已經錯過了收藏的最佳時機，物以稀為貴，苟利者也多方尋求，以致一生二、二生三，偽作的數量漸漸多於真跡。

贗品的數量很多，類型複雜，因篇幅所限，僅就「影蔽」類型作適當的舉例：

故宮博物院藏徐渭的《墨葡萄》軸畫的好，確實能感人，因此，在很多卷軸中也多次以「半生落魄」詩題畫葡萄（圖 4-39）。如果以北京故宮博物院藏《墨葡萄》軸，以及南博《雜花圖卷》來衡量，它們的風格都不符合水墨

絪縕的特色。從題畫書法來看，有的是仿故博《墨葡萄》軸，有的是生造的
書法風格，水平都遠遠不及我們所見的眞跡標準件。仿自上博《春雨卷》的
作品也不少，直接仿作的水平也不高，如日本藏《春雨》書法卷臨摹的是上
博《春雨卷》前一首詩。上博藏《美人解七首五體卷》中最後一首詩，又是
臨摹上博《春雨卷》後面的一首詩。當然也有偏離徐渭書法風格自寫的，如
浙江紹興市博物館藏《白燕詩卷》等（圖 4-40），之所以把他們歸類於仿品，
是從用筆圓轉，以及某些結字方法上來看的，都能在上博卷中找到原型，但
從整體水平，以及氣韻、力度上看，都遠不及上博《春雨卷》，所以把他們歸
類爲仿書。

上海博物館藏花卉卷八段（滬 1-1111）（疑僞）

上海博物館藏《墨花卷》（仿沈周款卷）（滬
1-1108）（疑僞）

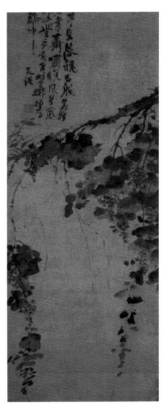

故宮博物院藏《墨葡萄》
軸（京 1-1839）（眞）

故宮博物院藏《墨花十二段》（京 1-1850）（疑偽）

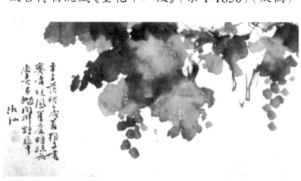

日本國立博物館藏《木犀雨時書卷》（JM1-131）　浙江省博物館藏《葡萄軸》
（疑偽）　　　　　　　　　　　　　　　　　　　（浙 1-043）（疑偽）

圖 4-39　故宮博物院藏《墨葡萄》與疑偽卷軸中的葡萄圖並葡萄「題畫詩」。
我們不能說這些葡萄作品都不是大寫意作品，也不是說全都不可與徐渭作
品相比較，但從其繪畫特點上看還是存在一些區別的，因為繪畫的可變因
素太多，如果您個從書法的角度看，已經毫無徐渭風格，更容易確認它們
為贗品。

上海博物館藏《春雨卷》（眞）與日本藏《春雨卷》部份內容相同（疑偽）

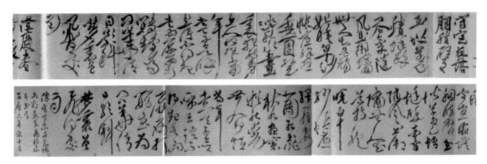

上海博物館藏《春雨卷》（眞）與上海藏《美人解七首五體卷》部份内容相同
（疑僞）

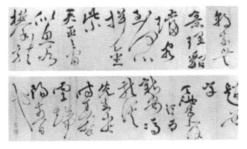

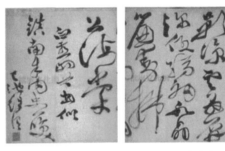

西安文保所藏《龍溪號篇》（疑僞）　　浙江紹興市博物館藏《白燕詩卷》
　　　　　　　　　　　　　　　　　　　　　　（疑僞）

圖 4-40　上海博物館藏《春雨卷》及其仿品對照。

日本藏《春雨卷》與上海藏《美人解七首五體卷》部份都與上博藏《春雨
卷》書寫了相同的内容，我們比較容易判斷他們是仿書的性質，《龍溪號篇》
與《白燕詩卷》内容爲自書，如果從用筆結字的感覺看，是有模仿的嫌疑
的，而實際水平相差很多。

　　還有仿自《捧讀》詩稿的贋品有多件，除了直接抄襲《捧讀》詩稿内容
的，也有很多仿其書法的，如上博藏《雨中醉草》冊，全冊一個調子，不時
出現一些與《捧讀》詩稿中相似的用筆與結構，整篇單調而乏味；上博藏《女
芙館十詠》也有部份字很像《捧讀》詩稿，由於此卷書體變化多，所以其他
部份有不少字形與徐渭眞跡幾乎毫無關係；南京市博物館藏《謁孝陵詩卷》
從局部來看，也有與《捧讀》詩稿相近的地方，但整體水平更差；《爲仰南書
六首》卷（蘭玉崧曾藏），也有相似的字形，如「城」字等，這些仿品多爲一
鱗半爪的相似贈禮效果較差（圖 4-41）。

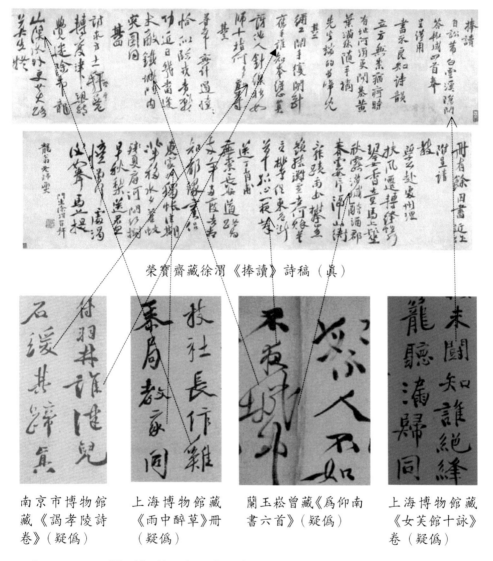

榮寶齋藏徐渭《捧讀》詩稿（眞）

南京市博物館藏《謁孝陵詩卷》（疑僞）

上海博物館藏《雨中醉草》冊（疑僞）

蘭玉崧曾藏《爲仰南書六首》（疑僞）

上海博物館藏《女芙館十詠》卷（疑僞）

圖 4-41　仿《捧讀》詩稿部份字形與用筆特點的疑僞作品舉例，也只是部份字形或偏旁結果相似，其他大多數字的用筆結字都不似徐渭的風格，從整篇來看，氣息、節奏等都有很大區別。一個書家，即使在不同的作品中有不同的表現，如發生這種水平相差很多，風格特點也不能一致的情況，應該引起我們的警惕。

　　與眞印比較，從似是而非的印章中，自然也可以探得作僞者的蛛絲。以「湘管齋」朱文印爲例，凡鈐此印者，沒有一件同北京故宮博物院藏眞跡《墨葡萄》軸的（圖 4-42），或許有以爲「湘管齋」印本有多枚，但贋品的畫及書法，都與眞跡不類，此種現象又當作何種解釋呢？有一枚僞「湘管齋」印，在一批作品中出現，如上文中所考送史甥花卉卷（故宮博物院藏《墨花九段卷》和中國歷史博物館藏《雜花六段卷》），以及遼寧博物館藏《蔬果卷》、《徐天池花卉冊》（神州國光影印）、上博《五月蓮花圖》、

故宮博物院藏《四時花卉卷》、榮寶齋藏《煎茶七類》等一批作品，不但書法風格相似、畫面也有很多雷同的地方，爲什麼這些書畫風格相近的作品用印（圖 4-43）也會如此相同呢？筆者認爲作僞源頭相同，作僞者可能，也可能有二代、三代作僞者。

| 1 神州國光社珂羅版《徐天池花卉冊》（疑僞） | 2 中國歷史博物館館藏《雜花六段卷》（疑僞） | 3 上海博物館藏《春雨》軸（疑僞） | 4 遼寧省博物館《蔬果卷》（疑僞） | 5 浙江省博物館藏《墨葡萄》（疑僞） | 6 故宮博物院藏《墨花九段》（疑僞） | 7 上海崇源拍賣品（疑僞） |

圖 4-43　非常近似的「湘管齋」印，1～6 作品的書法中也可以找出很多相似的寫法，是一種流傳最廣，也是最早的第一類僞作，其中還包括上海崇源拍賣品這樣後代仿前代僞品的例子。

　　再如臺北故宮藏《花竹軸》（筆者爲了歸類，在文中名之《花卉十六種軸》）與北京故宮博物院《四時花卉軸》的書畫風格類似（圖 4-44），其用「湘管齋」印又是另外一種，書法風格也接近於上面疑僞的《墨花九段卷》，只是用筆稍肥厚些，但風格非常接近，是否爲一人所寫、畫，或有模仿被模仿的關係，還有待考證。

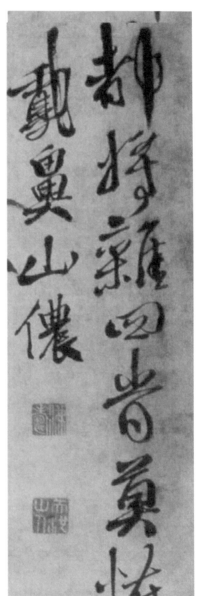

圖 4-44　臺北故宮博物院藏《花竹軸》款（左）
北京故宮博物院藏《四時花卉軸》（右）（疑僞）

　　上海博物館藏《花卉十六種卷》與廣東博物館藏《梅竹圖》都不落款，但用「湘管齋」印（圖 4-45）又別爲一種。筆者還發現有些風格相似的書法作品，原以爲這些作品的用印也相同，結果通過細節比較，發現無一雷同者。凡此種種類與不類，撲朔迷離。如果撇開這些障人眼目的附加用印，而直接以書法風格特點，以及書法水平的高下論，明眼人自然也可以直接下斷語。

因爲徐渭書畫風格「影蔽」時間之久，流傳贋跡品類凡多，定非一時一地所僞，故難以明確分出幾大類，但爲了表述的方便，筆者僅作簡單分類說明：

第一類：直接仿自原作的作品，如仿上海博物館《春雨卷》的日本藏《春雨卷》等，或如筆者考證的出自榮寶齋《捧讀》詩稿的七件作品，分別是對聯、山水人物卷、軸等，雖以多種面目出現，但內容與書寫方式都屬於直接的臨摹。

第二類：仿徐渭過程中顯示出新面目的作品，是以「送史甥花卉卷」等爲代表的作品，都蓋有同一方「湘管齋」印（「齋」字左下有三處斷痕），由這一批作品還生發出系列的印章，如：「青藤道士」、「天池山人」、白方「文長」印、朱文「文長」印等。這些印章儼然以「眞印」姿態，作爲後代鑒定徐渭眞僞的重要依據，非常具有欺騙性。也是造成徐渭書畫「影蔽」現象最爲嚴重的、數量最多的一種類型。

這一類型的作品，其書風與大幅的書法作品之間也有關聯，如與上博《春園》軸、蘇州博物館藏《詠劍》、《詠墨》

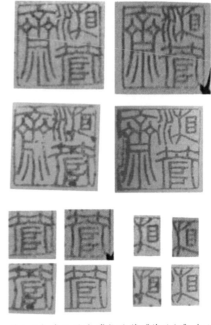

（右上）臺北故宮博物院藏《花竹軸》十六種卷（疑僞）（右下）北京故宮博物院藏《陶彭澤二十首》（疑僞）（左上）上海博物館藏《李白蘇軾九首四體》（疑僞）（左下）北京故宮博物院藏《評書》（疑僞）

圖 4-45　似是而非的僞「湘管齋」印。原作品中書法風格有相似之處，但也不完全相同。印章也近似，又絕非同一枚印章。可見僞作之間的因襲關係非常複雜，但都不似徐渭眞跡的風格，可見徐渭書法風格「影蔽」問題早就存在。有很多作僞者也不清楚徐渭的眞實風格。

軸用「湘管齋」印及「天池山人」印（圖 4-46）也幾乎相同。再如蘇州博物館藏大幅《詠劍》、《詠墨》用「文長」朱文長方印，也近似《徐天池花卉冊》與《墨花九段卷》中的「文長」印（圖 4-47），「湘管齋」印是否爲同一人所僞，還有待研究，但種種迹象表明他們之間有不可割捨的聯繫，也有待進一步研究。

大幅書法作品，往往因放大而失去日常書寫的特點，如蘇州博物館藏《詠劍》、《詠墨》軸等，但其落款爲小字時，可以看出其落款的書法風格與其他

疑偽作品，如中國歷史博物館《雜花六段卷》、故博《墨花九段卷》、珂羅版《徐天池花卉冊》、浙江博物館《葡萄軸》，書法中還有北京榮寶齋藏《煎茶七類》、湖南省博物館藏《十六種花卉詩》行書卷等。（圖4-48）

　　中國歷史博物館藏《雜花六段卷》、故宮博物院藏《墨花九段卷》等疑偽作品中的部份用字還與真跡《巽公帖》中的個別字用筆及結構相似（圖4-49）。但從整幅作品看，它們就有很多區別了，整體水平也相去甚遠。這也是書畫作偽而水平不夠時，經常出現的問題。

　　大幅書法作品蘇州博物館藏《詠墨》、《詠劍》軸、故博《墨花九段卷》與上博藏真跡《春雨卷》比較。從用筆的提按方式到用筆的節奏速度都顯示他們之間有著本質的區別。從結字的空間分配，重心的高低錯落，圓轉的筆劃軌跡，行與行的穿插方式，幾乎找不到共同點。但《詠墨》、《詠劍》中卻能找出與贗品《墨花九段卷》有很多相似的地方。如「來」、「問」、「頭」的局部，都是證明其偽的有力證據。（圖4-50、51）

榮寶齋藏《煎茶七　上海博物館藏《春　梁玲博物院藏《蔬　上海博物館藏《一篙》軸、故宮博物院博物館藏《春
類》絹本（疑偽）　雨》軸（疑偽）　　果卷》（疑偽）　　雨》軸、神州國光社《徐天池花卉冊》（疑偽）

圖 4-46　大幅作品與遼博《蔬果卷》等疑偽作品用用「天池山人」印比較，他們也有很多相似點。即便不是同一方印，也說明它們之間有模仿與被模仿的關係。

1 紹興市博 2、3 故宮博物院藏 4 蘇州博 5 蘇州博物 6 中國歷史 7 上海博物 8、9 榮寶齋藏《花
物館藏《春 《墨花九段卷》（疑 物 館 藏 館藏 博物館藏 館藏《墨花 卉八段》卷（疑偽）
興詩冊》（疑偽）　偽）　　　　　　《詠劍》《詠墨》軸（疑 《雜花六 八 段 卷》
偽）　　　　　　　　　　　　　　　　　　軸（疑偽）偽）　段卷》（疑 （疑偽）
　　　　　　　　　　　　　　　　　　　　　　　　　　偽）

圖 4-47　大幅作品《詠墨》《詠劍》軸與故博《墨花九段卷》等疑偽作品用「文

長」朱文印都比較相似，書法風格也比較相似。

上海博物館藏《幕府》軸（疑偽）　故宮博物院藏《四時花卉卷》題畫（疑偽）　蘇州博物館藏《詠劍》（疑偽）　蘇州博物館藏《詠劍》（疑偽）　故宮博物院藏《四時花卉卷》題首（疑偽）　榮寶齋藏《煎茶七類》（疑偽）　浙江省博物館藏《葡萄》軸（疑偽）

圖 4-48　蘇州博物館藏《詠劍》軸（疑偽）大幅款，與《煎茶七類》（疑偽）等作品款字比較，可以發現很多共同的用筆與結字方式，如果僅僅通過正文的大字，無法判斷這些作品之間是否有直接的聯繫，但通過款字以及印章的比對，完全可以認定他們之間也存在「姻親」關係。這類作品數量眾多，影響也最大。

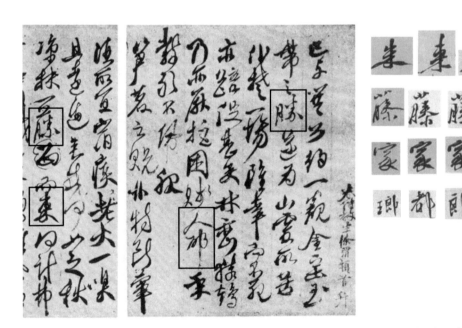

圖 4-49　中國歷史博物館藏《雜花六段卷》（疑偽）、故宮博物院藏《墨花九段卷》（疑偽）仿自《巽公帖》（眞）部份字例。與大字作品中的局部也很相似。所以，我們有理由認爲，有些偽跡也不是憑空出現的，還是有徐渭某些特徵的，但從整篇來看就很容易發現作偽者所缺乏的對全篇的控制能力，也無法達到徐

渭眞跡的高雅氣息。

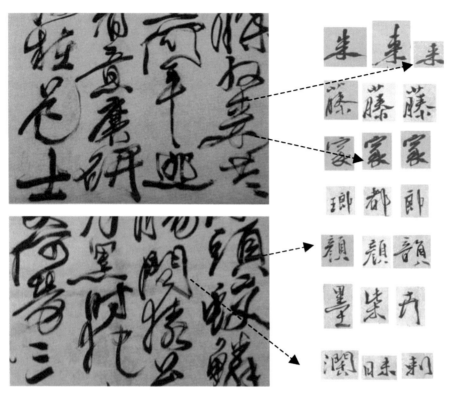

左上：蘇州博物藏《詠墨》軸局
部（疑偽）

左中：蘇州博物藏《詠劍》軸局
部（疑偽）

右上：故宮博物院藏《墨花九段卷》
與中國歷史博物館藏《雜花六段
卷》選字（疑偽）

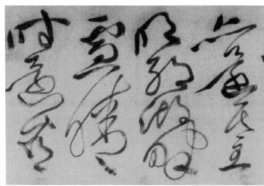

左下：上海博物館藏《春雨卷》
局部（眞）比較

圖 4-50　大幅度作品蘇州博物藏《詠墨》、《詠劍》軸（疑偽）、《墨花九段
卷》（疑偽）與上海博物館藏《春雨卷》（眞）比較。

從用筆的提按方式到用筆的節奏速度都顯示他們之間有著本質的區別。從
結字的空間分配，重心的高低錯落，圓轉的筆劃軌跡，行與行的穿插方式，
幾乎找不到共同點，所以說，《詠墨》、《詠劍》必偽無疑。《詠墨》、《詠劍》
中還能找出與贗品故博藏《墨花九段卷》有很多相似的地方。如「來」、「問」、

「頭」的局部。包括圖 4-48 的落款，都是證明其偽的有力證據。

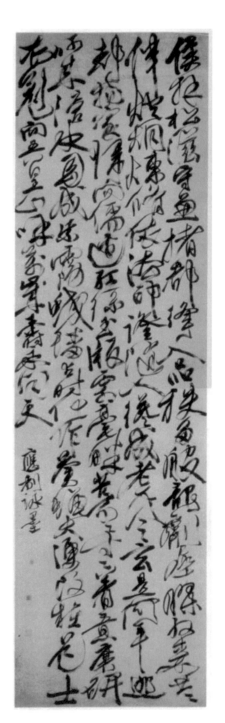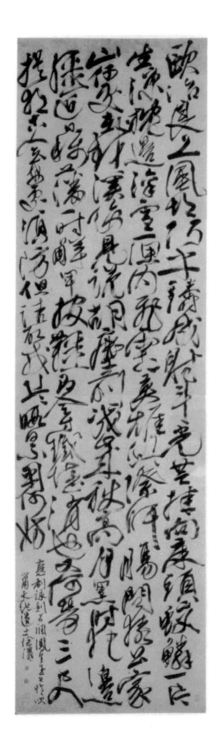

圖 4-51　蘇州博物館藏《詠墨》、《詠劍》軸（疑偽）

　　第三類：也是模仿徐渭風格，可能在第二類的基礎上又有所發揮，故只在局部含有徐渭書法特徵的作品。如仿自榮寶齋藏《捧讀》詩稿等作品的故博藏《女芙館十詠卷》、故博藏《聞有賦壞翅鶴等十五首四體卷》、上博藏《美人解七首五體卷》、上博藏《李白蘇軾九首四體卷》等卷。因這件詩稿是楷、行、草多種書體混在一張作品上，所以後代偽作以多體書法長卷面目出現的作品有很多。也有以行草書面目出現的，如紹興藏《春興詩冊》、臺北故博藏《秋興八首》、故博藏《陶彭澤詩二十首》，故博藏《評書》，還有故博《大草千字文》、《小草千字文》、《楷書千字文》等。小楷或小行楷風格的如故博藏《致禮部明公小楷札》、紹興青藤書屋藏《初進白鹿表小楷冊》（拓片）、故博藏《讀餘生子冊》、上海圖書館藏《破機械前、後詩》。也有以徐渭詩稿形式出現的天津圖書館藏《天池雜稿》、故博藏《雜書稿合冊》。另外還有以點評形式出現在他人書籍上的，如南京圖書館藏宋刻徐渭批《杜甫詩集》、臺灣傅斯年圖書館藏徐渭《批點尹文子二篇》。

　　第四類：仿品之仿品，偏離徐渭風格。如日本藏「送史甥花卉卷」，其源頭筆者以爲是仿自第一類的二代作品，繪畫風格繼承了第一類作品，但用筆也更粗放。繪畫作品如日本藏「送史甥花卉卷」。雲南博物館藏《水墨花卉卷》（款爲嘉靖壬寅）和上海博物館《花卉卷》，尾款仿沈周風格，而畫卷裏面的題畫詩書法，幾乎不可以用類型來分，非常混亂。再如臺北故宮博物院藏《徐渭寫生冊》〔註 86〕也是這樣的（圖 4-52）。今日拍賣會中的拍品大都屬於這一類。

　　第五類：以「青藤白陽間」風格出現的偽畫。這類作品幾乎不太考慮題畫書法風格接近徐渭了，如湯雨生、潘曾瑩所跋《明徐青藤畫冊三十六幀》等，出現時間比較晚。其題跋，最早爲戴熙（1801～1860），我們姑且以戴熙道光十一年（1831）中進士來推算，徐渭也已去世二百四十多年了。跋紙二是何紹基，他是道光十六年（1836）進士。再後就是咸豐壬子（1852）六月十一日湯雨生題跋。當然也可能戴氏與何氏題跋時間，僅僅在此前不久。先後著錄於陸心源《穰梨館過眼錄》（有 1892 年自序），和成書於宣統元年（1909）

<hr>

〔註86〕臺北故宮博物院藏《徐渭寫生冊》之一，國立故宮中華民國 76 年（1987）。

的龐元濟《虛齋名畫錄》。

　　第六類：可以說是野狐禪類作品，書畫印皆與徐渭無關，自出機軸者，以張狂面目示人。這些作偽者，沒有見過徐渭的眞跡，憑自己想像的「奇人」、「瘋狂」、「自殺」、「殺妻」徐渭形象，自己編造了一套徐渭的風格，如《李白永王詩草》軸（圖 4-53）〔註87〕，還有如《書法叢刊》第二十六期介紹的鎮江博物館藏《徐渭四言聯》，書法水平低劣自不必說，其落款爲也爲徐渭出生前之正德甲寅。

圖 4-52　臺北故宮博物院藏《徐渭寫生册》（疑偽）　　　圖 4-53　李白永王詩草》軸北京辛冠潔氏舊藏。（疑偽）

　　爲什麼會出現這麼多的贗品，卻未能引起後人的關注呢？

　　筆者以爲，最主要的原因是徐渭生前沒有書名，更沒有畫名，在其去世以後流傳的作品就更少了，很多人想看徐渭的作品卻無從得見，作偽者正好彌補了作品稀少的空間。如果是畫家得到了徐渭作品，可能用來學習，而作偽的人得到了徐渭的作品，他們就大量炮製贗品，同時利用徐渭文集裡的題畫詩變換詩歌內容來製造贗品，所以就出現了很多內容不同，但面貌相似的作品。

〔註87〕劉正成主編《中國書法全集 53 徐渭》，榮寶齋出版社 2010，第 290 頁。

　　概言之，作偽就是沿著仿、造、再仿、再造的方式向前發展的。當第一代的偽作得到認可，又出現了第二代仿第一代，甚至出現第三代、第四代仿品的情況。在有限的徐渭眞跡作品中，除了最近幾年裏才面世的幾件信札沒有被仿造過以外，很多贗品都與眞跡有著或多或少的聯繫，贗品數量多、流傳廣，導致眞跡風格被「影蔽」。

結　語

　　本篇研究的結果顯示，徐渭在其生前書名不彰、畫名微暗，去世後的 50 年裏，才漸漸被畫史接受，從 50 到 100 年「青藤」畫名鵲起，徐渭書畫成爲後人師法的名家。在其去世 100 年後，畫名繼續演進，成爲與「白陽」並稱的繪畫大家，奠定了他在大寫意花鳥畫領域中顯赫的地位。這似乎又一次驗證了南齊謝赫《古畫品錄》中「跡有巧拙，藝無古今」之說法。

　　對徐渭的接受過程與接受內容也不是同步進行的。徐渭書畫的出名時間較晚，目前所見生前推舉其書法的是同鄉張元忭，但其傳播範圍不廣且傳播力度不強。所以，眞正全面推舉他的還是後世公認的袁宏道與陶望齡，而以袁宏道所作《徐文長傳》更廣爲人知。即便如此，也未能更快地提升徐渭書畫的名聲。徐沁編著《明畫錄》極力推舉徐渭書畫使其並類名家。從「書法更佳」到「書中有畫、畫中有書」及「青藤筆墨人間寶」，其名聲不斷攀升，以至其書畫作品「片楮尺縑人以爲寶」。徐渭的潑墨大寫意繪畫風格得到廣泛認可的時間，或者說對「大寫意花鳥畫」形成共識的時間，是由於對水墨寫意畫風的追捧，「青藤白陽間」畫法得到了廣泛傳播，學畫者甚眾，「青藤白陽」畫風也成爲中國繪畫史上的「經典」科目，並得以延續至今。

　　就在其書畫被廣爲接受、名聲不斷攀升的過程中出現了很多贗品，贗品數量遠遠超過眞本的數量，徐渭本眞的書、畫風格被「影蔽」了。清人本以爲在「眞贗各半」的徐渭作品面前，自有辨僞識眞的能力，卻一次次遭受僞風格的調侃。徐渭書法被陶元藻誤認爲是「野狐禪」之書的時候，也必然會導致其書法的接受受阻，所以在「野狐禪」之論發出後，罕有再持「書法更佳」論者。讓人大跌眼鏡的是「野狐禪」作品在當代卻受到了前所未有的禮

遇，甚至是一種癲狂式的崇拜，作僞者爲了迎合袁宏道等人塑造的「奇人」形象，炮製了「野狐禪」式的奇書，故贊同《青天歌卷》的學者也應該無不是「書如其人」、「書爲心畫」論的支持者，以訛傳訛的結果，使得後人心目中的徐渭，與原本形象產生很多隔閡。《青天歌卷》的真僞之爭，把徐渭書畫風格「影蔽」問題推到了徐渭書畫研究的學術前沿。

筆者通過一系列的辨僞鑒真的梳理，尋繹徐渭書法風格的早、中、晚期作品的標準件，也找出了繪畫作品的標準件。雖然這些作品留存量有限，但已經足以醒亮我們的眼目，從中可以瞭解徐渭「有快馬斫陣之勢」、「筆意奔放」、「蒼勁中姿媚躍出」的書法風格；也可以看到「超逸有致」且「驅墨如雲，運筆如風」繪畫作品。在語言與圖象之間，可以找到鏈接的橋樑。

徐渭書畫接受過程曲折而離奇，這是徐渭生前萬萬沒有想到的，也是本文研究之前沒有預料到的。陶望齡記載徐渭自己認爲排名「第一」的書法，或者袁宏道和梅客生以爲「有明第一」的詩，都沒能準確預見其聲望的走向，而最終使其名聞遐邇的卻是當初最不引人屬目的繪畫藝術。

社會思潮和文化發展的趨勢我們無法預料，但作爲書畫史研究，有必要對歷史進程中出現的問題進行適度的修正，使其回到正常的軌道上來。要想避免這種「影蔽」現象的發生，我們不能單靠對文字的解讀來判斷作品的風格，更不能憑自己武斷的想像作界定。在對歷代經典書畫作品的解讀過程中，出現不同見解，很可能都是源於對原始材料的真實性判斷有誤造成的。

當然，對藝術品的「誤讀」導致藝術的發展變化也是藝術發展的規律之一，但與我們正確解讀藝術史的材料，分析藝術風格並非同一層面上的問題。解讀藝術史要慎思而行，更需要真實素材的支撐，如果在這一環節出現了較大的誤差，其結果將使研究的方向發生偏差而導致離題萬里。徐渭書畫研究中對其風格的認識及其作品真僞的判斷，就是一項基礎性研究工作，考察、辨識前人留下的材料，探繹它們如何被曲解、被改造、被灌輸、被接受的過程，對我們進一步理解徐渭，闡釋中國書畫發展與接受的過程都將有一定的啓發作用。

由於文獻缺失與圖象散落，給古代書畫研究帶來一定程度的困難，加上書畫仿作與作僞風氣的盛行，導致眾多名家作品風格在一定程度上也存在「影蔽」問題。或許歷代書畫有其各自不同的「影蔽」方式，但當贗品數量遠遠大於真跡之時，其對真品的衝擊力量絕不容小覷，徐渭書畫藝術的接受過程

比較曲折，其書畫風格「影蔽」問題比較嚴重，給我們解讀徐渭帶來諸多困
難，筆者的梳理也只能是在這一問題上取得一些進展。筆者以爲明清書畫名
家的書畫風格「影蔽」問題也相當嚴重，希望能引起研究者的關注與深思。

　　還值得注意的是徐渭書畫遭遇「影蔽」之後，他的書畫依然能以僞風格
流佈並得到傳承與發展，這其中又經歷了怎樣的演化過程，蘊含了怎樣的藝
術思想，依託的怎樣文化背景，有何學術意義？本文都未能展開討論，這些
問題也將留待以後作進一步的研究。

附表一：徐渭書畫接受簡表

　　爲了展示徐渭書畫接受情況，徐渭書畫作品及評價、影響等相關信息，按照見諸記載的大致時間錄入，以期釐清徐渭書畫接受的大致脈絡。本表錄入方法：

1、凡著錄或今存書畫作品有題跋者，不論眞僞，採用題跋時間錄入；多人題跋，採用最早的題跋時間；如同一著錄書中出現時間跨度較大的題跋，分時段錄入；年代不能確認者，以著錄書出現時間錄入，或加「？」，表示大致年代，或以某年前、某年後、某年間繫入，以備參考。本表從俞憲寫《徐文學集序》的時間開始，截止時間，大致以民國爲限，現當代對徐渭的認識基本沒有新的變化，故從略。

2、部份不涉及徐渭書畫，但涉及師承影響等內容的相關材料，也適當選錄，並根據具體情況作適當剪裁。部份畫家與徐渭畫風關係密切且在不同的書籍中，有重複或交叉出現的，根據具體情況選錄。

3、徐渭去世以後的重要書畫著錄，無徐渭作品的，根據著錄書寫作或刊行的大致時段選錄（詳細情況從略），用以說明徐渭書畫作品在此時缺席的狀況。

4、部份引文的出處，多次重複的用簡明標記法。如引自《徐渭集》中華書局1983年版，只標出《徐渭集》和頁碼；《中國書畫全書》第3冊第945頁，只用數字如3-945；黃賓虹、鄧實編《美術叢書》三集第十輯，江蘇古籍出版社1997年，只寫《美術叢書》頁碼。容庚《叢帖目》也不標卷數，只寫頁碼。文淵閣《四庫全書》本因爲有電子版，查對方便，故亦只標《四庫全書》本。

5、筆者認爲對徐渭名聲有影響的內容，在備註中作簡短的標注或述評，對於筆者已見圖版，在論文中已經考辨眞僞的作品，在本表出現時加括號注明眞跡或疑僞字樣，以供參考。

年代	材料來源	徐渭書畫接受相關的作品、評論、題跋、師承、影響等	備　註
1569	俞憲《盛明百家詩》	俞憲《徐文學集序》： 　　山陰徐生渭，字文長，蓋以文自戕者也。語云：「玉以瑜琢，蘭以膏焚。」豈虛語哉！初生之輝赫甓校也，予實助其先聲。及後聲聞臺省，聲聞督撫，聲聞館閣，則生自有以致之。不意竟以《白鹿》一表，心悸病狂，因之罹變繫獄，惜哉！生嘗累牘望援，予阻於力。既乃以文數卷遠遺，蓋同志之士，愛其文而義助成集者。予不及助，爰就集中刻其詩賦之尤者數十篇，列於明詩後編，餘文尚有待云。嗟乎，生之集信可傳矣！古所謂有文為不朽者，其以此與？然則文傳矣，他又何計耶？隆慶己巳多十一月朔，是堂散人錫山俞憲汝成父識。（《徐渭集》，第1355頁。）	隆慶己巳，徐渭49歲。俞憲《徐文學集序》，沒有涉及徐渭的書畫。
1587	萬曆十五年《紹興府志》	徐渭亦邑人，少有俊才，工古文，能聲詩，諸生每賦試則高等，而鄉書不薦。武進薛憲副薛應旂督學浙中，大奇之，名益起。未幾，胡總督宗憲招致幕府，委以記室之任，以文辭為名，有事則授觚焉，胡公甚重之。素狂蕩不羈，既直幕府，猶時出與諸少年遊，遊每深夜，幕府開門待之。間使人覘所為，還報曰：「徐秀才方持巨盞盛歡呼也。」胡公則喜曰：「甚善！甚善！」又故謬為無忌諱，每候胡公開府，榮戟雙列，受事者方伏階下，乃衣敝冠、白三瀚衣直闖門入，欲以觀其不畏者。然有俠節，不受賄遺，不干胡公以私。顧不無席氣勢自恣，或以睚眥中傷人，人反畏怨之。後胡公被逮，渭慮禍及身，因陽狂，已乃為真，尋遘鄰炎之獄，幽囹圄者八年。素工書，既在縲紲，益以此遣日。於古法書多所探繹其要領，主用筆，大率歸米芾之說。工行草、真，有快馬斫陣之勢。久之，胡公事漸解，諸公惜其才，營救之，會赦免，遂與修志。已，去遊燕，無何疾復作，奔還家，廢。 徐渭，詳《序志》。是懸筆書，所臨摹甚多，擘窠大字類蘇，行草類米。書險勁有腕力，得古人運筆意，恨不入俗眼。吳人稱祝允明曰：「當其窘時，持少錢米乞書，輒隨手得；已小饒，更自貴也。」渭亦然。其論書訣云：「分間布白，指實掌虛，以為入門殆布勻不必勻，筆態入淨媚，天下無書矣。	徐渭67歲。這是評價徐渭書法見諸記錄的最早的材料。作者應該是張元忭，故筆者認為張元忭為推舉徐渭書法的第一人。 　　萬曆十五年《紹興府志》有「去遊燕，無何疾復作，奔還家，廢。」 　　徐渭《畸譜》對此事記載：「是年為辛巳（萬曆九年），予周一甲子矣。諸崇兆復紛，復病易，不穀食。」作者用一個「廢」字對徐渭燕遊之後下「定論」，當有深意。

		握入節乃大忌，於古人甚服索靖，以爲精而仿篆，進世書甚取倪瓚，而不滿趙吳興。」（萬曆十五年《紹興府志》。臺灣：成文出版社1983，第3298、3331～3333頁。） 按：張汝霖（約1561～1625），字肅之，號雨若，晚年號嶺園居士。山陰人，隆慶狀元張元忭長子，萬曆時大學士朱賡之婿，張岱的祖父。	
1591	陳汝元《刻字學玄抄類摘序》	徐渭纂輯《玄抄類摘》，陳汝元序：書法特妙，故世所推臻達玄聖者。（陳汝元纂集《書學大成》，如臯圖書館藏明刻本。）	第二次見諸記載的關於徐渭的書法評價，後人罕有提及。
1600	商維濬刻《徐文長三集》29卷	1《徐文長三集》中同郡陶望齡撰《徐文長傳》： 　　徐渭，字文長，山陰人。幼孤性絕警敏，九歲能屬文，年十餘，仿楊雄解嘲作釋毀。二十爲邑諸生，試屢黜。胡少保宗憲總督浙江，或薦渭善古文詞者，招致幕府，筦書記。時方獲白鹿海上，表以獻。表成，召渭視之，渭覽罷，瞠視不答。胡公曰：「生有不足耶？試爲之。」退具槁進。公故豪武，不甚能別識，乃寫爲兩函，戒使者以視所善諸學士董公份等，謂孰優者即上之。至都，諸學士見之，果賞渭作。表進，上大嘉悅。其文旬月間遍誦人口。公以是始重渭，寵禮獨甚。時都御史武進唐公順之，以古文負重名。胡公嘗袖出渭所代，謬之曰：「公謂予文若何？」唐公驚曰：「此文殆輩吾！」後又出他人文，唐公曰：「向固謂非公作，然其人誰耶？願一見之。」公乃呼渭偕飲，唐公深獎歎，與結驩而去。歸安茅副使坤時遊於軍府，素重唐公。嘗大酒會，文士畢集，胡公又隱渭文語曰：「能識是爲誰筆乎？」茅公讀未半，遽曰：「此非吾荊川必不能。」胡公笑謂渭：「茅公雅意師荊川，今北面於子矣。」茅公慚愧面赤，勉卒讀，謬曰：「惜後不逮耳。」其爲名輩所賞服如此。 　　渭性通脫，多與群少年昵飲市肆。幕中有急需，召渭不得，夜深，開戟門以待之。偵者得狀，報曰：「徐秀才方大醉嚎囂，不可致也。」公聞，反稱甚善。時督府勢嚴重，文武將吏庭見，懼誅責，無敢仰者，而渭戴敝烏巾，衣白布澣衣，直闖門入，示無忌諱。公常優容之，而渭亦矯節自好，無所顧請。然性豪恣，間或藉氣勢以酬所	陶望齡與袁宏道分別撰寫《徐文長傳》，其中生平介紹與徐渭自著《畸譜》及萬曆十五年《紹興府志》相互印證，應該是這是徐渭身後第一次被人推崇的記錄，此後被諸多文獻轉載傳寫。有關書畫的評價，與紹興府志相呼應，且多有發揮，成爲後人鑒賞徐渭書畫風格特點的重要指標。

不快，人亦畏而怨焉。及宗憲被逮，渭慮禍及，遂發狂，引巨錐剚耳，刺深數寸，流血幾殆。又以椎擊腎囊碎之，不死。渭為人猜而妬，妻死後有所娶，輒以嫌棄，至是又擊殺其後婦，遂坐法繫獄中，憤懣欲自決。為文自銘其墓曰：「山陰徐渭者，少慕古文詞，及長益力。既而有慕於道，往從前長沙守季先生究王氏宗旨，謂道類禪。又去扣於禪，久之，人稍許之。然文與道終兩無得也。賤而惰且直，故憚貴交似傲，與眾處不洿，袒裸似玩，人或病之，然傲與玩，亦終兩不得其情也。舉於鄉者八而不一售，傚數掾，儲瓶粟者十年。一旦客於幕府，典文章，數赴而數辭，投筆出門，人爭愚而危之，而幾深以為安。其後公愈折節，等布衣，留者兩期，贈金以數百計，人爭榮而安之，而己深以為危。至是忽自覓死，人曰：『渭文士，且操潔，可無死。』不知古文士以入幕操潔而死者眾矣，乃渭則自死，孰與人死之。渭為人，度於義無所關時，輒疏縱不為儒縛，一涉義所否，雖斷頭不可奪。故其死也，親莫制，友莫解焉。平生有過不肯掩，有不知恥以為知，斯言蓋不妄者。」其自名如此。然卒以援者力獲免。既出獄，縱遊金陵，北客於上谷，居京師者數年。獄事之解，張宮諭元忭力為多，渭心德之，館其舍旁，甚驩好。然性縱誕，而所與處者頗引禮法，久之，心不樂，時大言曰：「吾殺人當死，頸一茹刃耳，今乃碎磔吾肉！」遂病發，棄歸。既歸，病時作時止，日閉門與狎者數人飲噱，而深惡諸富貴人，自郡守丞以下求與見者，皆不得也。嘗有詣者伺便排戶半入，渭遽手拒扉，口應曰某不在，人多以是怪恨之。

晚絕穀食者十餘歲，人問何居，曰：「吾噉之久，偶厭不食耳，無他也。」尤不事生業，客幕時，有餽之洮絨十許匹者，遂大製衣被，下及所嬖私暱之服，靡不備者，一日都盡。及老貧甚，鬻乎自給，然人操金請詩文書繪者，值其稍裕，即百方不得，遇窘時乃肯為之。所受物人人題識，必償已乃以給費，不即餱餓，不妄用也。有書數千卷，後斥賣殆盡。幬莞破弊，不能再易，至藉槁寢。年七十三卒。

渭為諸生時，提學副使薛公應旂閱所試論，異之，置第一，判牘尾曰：「句句鬼語，

李長吉之流也。」及被遇胡公，值比歲，公思爲渭地，諸簾官入謁，屬之曰：「徐渭，異才也，諸君校士而得渭者，吾爲報之。」時胡公權震天下，所出口無不欲爭得以媚者，而偶一令晚謁，其人貢士也，公心輕之，忘不與語。及試，渭牘適屬令，事將竣，諸人乃大索獲之，則彈摘遍紙矣。人以是歎渭無命，而服薛公知人焉。

渭於行草書尤精奇偉傑，嘗言吾書第一，詩二，文三，畫四，識者許之。其論書主於運筆，大概昉諸米氏云。所著《文長集》、《闕篇》、《櫻桃館集》各若干卷，今合刻之。注《莊子》內篇、《參同契》、黃帝《素問》、郭璞《葬書》各若干卷，《四書解》、《首楞嚴經解》各數篇，皆有新意。渭父鏓以龍里衛戍籍領貴州鄉薦。始至龍里也，土人嘩之。鏓以教讀自晦，授童子孝經，故謬其讀，土人笑曰：「是不足逐也。」已而得薦，仕至夔州府同知。渭貌修偉肥白，音朗然如唳鶴，常中夜呼嘯，有群鶴應焉。二子曰枚、枳。

陶望齡曰：越之文士著名者，前惟陸務觀最善，後則文長。自古業盛行，操翰者羞言唐宋，知務觀者鮮矣，況文長乎？文長負才，性不能謹飾節目，然跡其初終，蓋有處士之氣，其詩與文亦然，雖未免瑕纇，咸以成其爲文長者而已。中被詬辱，老而病廢，名不出於鄉黨，然其才力所詣，質諸古人，傳於來禩，有必不可廢者。秋潦縮，原泉見，彼陸喧汜溢者須臾耳，安能與文長道修短哉！文長沒數載，有楚人袁宏道中郎者來會稽，於望齡齋中見所刻初集，稱爲奇絕，謂有明一人，聞者駭之。若中郎者，其亦渭之桓譚乎！（《徐渭集》，第 1339 頁。）

按：陶望齡（1562～1609），字周望，號石簣，明會稽（今浙江紹興）人。明萬曆十七年（1589），他以會試第一、廷試第三的成績，做了翰林院編修，參與編纂國史；曾升待講，主管考試，後被詔爲國子監祭酒。陶望齡爲官剛直廉潔，不受滋垢。一生清眞恬淡，以治學爲最大樂事。

2《徐文長三集》中袁宏道撰《徐文長傳》：

余少時過里肆中，見北雜劇有《四聲猿》，意氣豪達，與近時書生所演傳奇絕異，題曰「天池生」，疑爲元人作。後適越，見人家單幅上有署「田水月」者，強心鐵

骨，與夫一種磊塊不平之氣，字畫之中，宛宛可見。意甚駭之，而不知田水月為何人。

一夕，坐陶編修樓，隨意抽架上書，得《闕編》詩一帙。惡楮毛書，煙煤敗黑，微有字形。稍就燈間讀之，讀未數首，不覺驚躍，忽呼石簣：「《闕編》何人作者？今耶？古耶？」石簣曰：「此余鄉先輩徐天池先生書也。先生名渭，字文長，嘉、隆間人，前五六年方卒。今卷軸題額上有『田水月』者，即其人也。」余始悟前後所疑，皆即文長一人。又當詩道荒穢之時，獲此奇秘，如魘得醒。兩人躍起，燈影下，讀復叫，叫復讀，僮僕睡者皆驚起。余自是或向人，或作書，皆首稱文長先生。有來看余者，即出詩與之讀。一時名公巨匠，浸浸知嚮慕云。

文長為山陰秀才，大試輒不利，豪蕩不羈。總督胡梅林公知之，聘為幕客。文長與胡公約：「若欲客某者，當具賓禮，非時輒得出入。」胡公皆許之。文長乃葛衣烏巾，長揖就坐，縱談天下事，旁若無人。胡公大喜。是時公督數邊兵，威振東南，介冑之士，膝語蛇行，不敢舉頭；而文長以部下一諸生傲之，信心而行，恣臆談謔，了無忌憚。會得白鹿，屬文長代作表，表上，永陵喜甚。公以是益重之，一切疏記皆出其手。

文長自負才略，好奇計，談兵多中。凡公所以餌汪、徐諸虜者，皆密相議然後行。嘗飲一酒樓，有數健兒亦飲其下，不肯留錢。文長密以數字馳公，公立命縛健兒至麾下，皆斬之，一軍股栗。有沙門負貲而穢，酒間偶言於公，公後以他事杖殺之，其信任多此類。

胡公既憐文長之才，哀其數困，時方省試，凡入簾者，公密屬曰：「徐子天下才，若在本房，幸勿脫失。」皆曰：「如命。」一知縣以他羈後至，至期方謁公，偶忘屬，卷適在其房，遂不偶。

文長既已不得志於有司，遂乃放浪麴蘗，恣情山水，走齊、魯、燕、趙之地，窮覽朔漠。其所見山奔海立，沙起雲行，風鳴樹偃，幽谷大都，人物魚鳥，一切可驚可愕之狀，一一皆達之於詩。其胸中又有一段不可磨滅之氣，英雄失路、託足無門之悲，故其為詩，如嗔如笑，如水鳴峽，

如種出土，如寡婦之夜哭，羈人之寒起。當其放意，平疇千里；偶而幽峭，鬼語秋墳。文長眼空千古，獨立一時。當時所謂達官貴人、騷士墨客，文長皆叱而奴之，恥不與交，故其名不出於越。悲夫！

一日飲其鄉大夫家。鄉大夫指筵上一小物求賦，陰令童僕續紙丈餘進，欲以苦之。文長援筆立成，竟滿其紙，氣韻遒逸，物無遁情，一座大驚。

文長喜作書，筆意奔放如其詩，蒼勁中姿媚躍出。余不能書，而謬謂文長書決當在王雅宜、文徵仲之上。不論書法，而論書神，先生者，誠八法之散聖，字林之俠客也。間以其餘，旁溢為花草竹石，皆超逸有致。

卒以疑殺其繼室，下獄論死。張陽和力解，乃得出。既出，倔強如初。晚年憤益深，佯狂益甚。顯者至門，皆拒不納。當道官至，求一字不可得。時攜錢至酒肆，呼下隸與飲。或自持斧擊破其頭，血流被面，頭骨皆折，揉之有聲。或槌其囊，或以利錐錐其兩耳，深入寸餘，竟不得死。

石簣言：晚歲詩文益奇，無刻本，集藏於家。予所見者，《徐文長集》、《闕編》二種而已。然文長竟以不得志於時，抱憤而卒。

石公曰：先生數奇不已，遂為狂疾；狂疾不已，遂為囹圄。古今文人，牢騷困苦，未有若先生者也。雖然，胡公間世豪傑，永陵英主，幕中禮數異等，是胡公知有先生矣；表上，人主悅，是人主知有先生矣。獨身未貴耳。先生詩文崛起，一掃近代蕪穢之習，百世而下，自有定論，胡為不遇哉？梅客生嘗寄余書曰：「文長吾老友，病奇於人，人奇於詩，詩奇於字，字奇於文，文奇於畫。」余謂文長無之而不奇者也。無之而不奇，斯無之而不奇也哉！悲夫！（《徐渭集》，第1342～1344頁。）

按：袁宏道此傳作於萬曆二十七年（1599）春，他在《答陶石簣》自稱本文「雖不甚核，然大足為文長吐氣。」（《袁中郎尺牘全稿》南牆書局1934年，第110頁。）

| 1600 | 趙琦美編《趙氏鐵網珊瑚》 | 趙琦美（1563～1624） | |

1600後	袁宏道《瓶花齋集》	《瓶花齋集》卷七中的《徐文長傳》：	袁宏道改寫的《徐文長傳》。對徐渭書畫的評價基本沒變，但略有調整。
		余一夕坐陶太史樓，隨意抽架上書，得《闕編》詩一帙，惡楮毛書，煙煤敗黑，微有字形。稍就燈間讀之，讀未數首，不覺驚躍，急呼周望：「《闕編》何人作者？今邪？古邪？」周望曰：「此余鄉徐文長先生書也。」兩人躍起，燈影下讀復叫，叫復讀，僮僕睡者皆驚起。蓋不佞生三十年，而始知海內有文長先生。噫，是何相識之晚也！因以所聞於越人士者，略為次第，為徐文長傳。	
		徐渭，字文長，為山陰諸生，聲名藉甚。薛公蕙校越時，奇其才，有國士之目。然數奇，屢試輒蹶。中丞胡公宗憲聞之，客諸幕。文長每見，則葛衣烏巾，縱談天下事，胡公大喜。是時公督數邊兵，威振東南，介胄之士，膝語蛇行，不敢舉頭；而文長以部下一諸生傲之，議者方之劉真長、杜少陵云。會得白鹿，屬文長作表。表上，永陵喜。公以是益奇之，一切疏記，皆出其手。	
		文長自負才略，好奇計，談兵多中，視一世士無可當意者，然竟不偶。文長既已不得志於有司，遂乃放浪麴蘗，恣情山水，走齊魯燕趙之地，窮覽朔漠。其所見山奔海立，沙起雲行，風鳴樹偃，幽谷大都，人物魚鳥，一切可驚可愕之狀，一一皆達之於詩。其胸中又有勃然不可磨滅之氣，英雄失路、託足無門之悲。故其為詩，如嗔如笑，如水鳴峽，如種出土，如寡婦之夜哭、羈人之寒起；雖其體格時有卑者，然匠心獨出，有王者氣，非彼巾幗而事人者所敢望也。文有卓識，氣沉而法嚴，不以模擬損才，不以議論傷格，韓、曾之流亞也。文長既雅不與時調合，當時所謂騷壇主盟者，文長皆叱而奴之，故其名不出於越。悲夫！喜作書，筆意奔放如其詩，蒼勁中姿媚躍出，歐陽公所謂「妖韶女老，自有餘態」者也。間以其餘，旁溢為花鳥，皆超逸有致。	
		卒以疑殺其繼室，下獄論死。張太史元忭力解，乃得出。晚年憤益深，佯狂益甚，顯者至門，或拒不納。時攜錢至酒肆，呼下隸與飲。或自持斧擊破其頭，血流被面，頭骨皆折，揉之有聲。或以利錐錐其兩耳，深入寸餘，竟不得死。周望言其晚歲詩文益奇，無刻本，集藏於家。余同年	

		有官越者，托以鈔錄，今未至。余所見者，《徐文長集》、《闕編》二種而已。然文長竟以不得志於時，抱憤而卒。 　　石公曰：先生數奇不已，遂爲狂疾；狂疾不已，遂爲圄圄。古今文人牢騷困苦，未有若先生者也。雖然，胡公間世豪傑，永陵英主。幕中禮數異等，是胡公知有先生矣；表上，人主悅，是人主知有先生矣，獨身未貴耳。先生詩文崛起，一掃近代蕪穢之習，百世而下，自有定論，胡爲不遇哉？梅客生嘗寄余書曰：「文長吾老友，病奇於人，人奇於詩。」余謂文長無之而不奇者也。無之而不奇，斯無之而不奇也，悲夫！（袁宏道《瓶花齋集》，《續修四庫全書》1367 集，第 547、548 頁。）	
1604	徐渭撰，朱象衡輯補，諸夏評《筆玄要旨》	徐渭撰，朱象衡輯補，諸夏評《筆玄要旨》 按：明朱象衡又輯《筆道通會》一卷兩淮鹽政採進本。朱象衡，字朗初，秀水人。《四庫全書總目提要》認爲：是編推廣徐渭《筆元要旨》而作，中多述豐坊之語，華亭唐文獻爲之序。末有象衡自跋云：余性稍慧，於法書名跡辨之不爽毫髮。其言頗近於誇，米芾、黃伯思精鑒入神，論者尚有同異，此事談何容易乎。	《筆玄要旨》託名徐渭，說明徐渭對書法的認識，在一定範圍内是得到認可的。
1606	沈德符《萬曆野獲編》	徐文長暮年游京師，余尚孩幼，猶略記其貌。長軀晳面，目如曙星，性跅弛不受羈勒，館於同邑張陽和太史（元忭）家，一語稍不合，即大詬詈，策騎歸。後張歿，徐已癃老，猶扶服哭奠，哀感路人。蓋生平知己，毫不以親疏分厚薄也。徐初以草《白鹿表》，受知於胡襄愍梅林（宗憲），戊午浙闈，胡囑按君急收之，徐故高才，即上第亦其分内。按君搜得之大喜，以授其所善邑令，令丹鉛之。令故爲徐所輕，銜之方入骨，按君暫起輒泚筆塗抹之。比取視，則鴻尥滿紙，幾不可辨矣。徐此後遂患狂易，疑其繼室有外遇，無故殺之。論死，繫獄者數年，亦賴張陽和及諸卿哀力得出。既郁郁不得志，益病志自戕，時以竹釘貫耳竅，則左進右出，恬不知痛。或持鐵錐自錐其陰，則睪丸破碎，終亦無恙。說者疑爲祟所憑；或疑冤死之妻，附著以苦之，俱不可知。而其人高伉狷潔，於人無所俯仰。詩文久爲袁中郎所推戴，謂出弇州上，此自有定論。其所作畫，尤脫畦徑。題署則託名「田水月」等號是也，	沈德符作爲見過徐渭的人，其所記文長事蹟不出陶、袁《徐文長傳》，其記錄徐渭去世後畫作的第一筆交易，非常有意義。其評價「其所作畫，尤脫畦徑」與袁宏道「超逸有致」論同調。

		今已有人購之。文長自負高一世，少所許可，獨注意湯義仍。寄詩與訂交，推重甚至。湯時猶在公車也，余後遇湯，問文長文價何似？湯亦稱賞，而口多微辭。蓋義仍方欲掃空王、李，又何有於文長？（沈德符《萬曆野獲編》中華書局1959，第581～582頁。）	
1606	陳繼儒《妮古錄》	陳繼儒（1558～1639）	
1609	李日華《竹懶畫剩》	李日華（1565～1635）	
1613	孫鑛《書畫跋跋》	與徐渭相關言論 1 徐文長曰：「吾學索靖書久，雖梗概亦不得，人並以章草視之。不知章稍逸而近分，索則精而仿篆，非深於書學者無此解也。」（3-945） 2 評倪瓚：「倪雲林清有餘，第覺稚無力。徐文長獨極稱之，謂其從隸入，輒在季直表中奪舍投胎，古而媚，密而散，豈鑒以天機耶！」（3-950） 3 定真跡《智永千字文》：徐渭文長跋定為智永跡，雖未可遽謂然，然不亦唐人臨本，斷非宋代以下人所能作也。（3-955）	徐渭論書語首次被轉引。
1614	鍾人傑刻《徐文長文集》	萬曆四十二年（1614）鍾人傑把《徐文長三集》刪改為《徐文長文集》三十卷。 黃汝亨《徐文長集序》：其詩文與書畫法，傳之而行者也。畫予不盡見，詩如長吉，文崛發無媚骨，書似米顛，而棱棱散散過之，要皆如其人而止。此予所為異也。然文長見知督府胡公，胡公被讒收，文長亦以牢騷困虐死。而其詩文與書法，與胡公之勳伐，至今照鑠，下與其人俱往。（《徐渭集》，第1355頁。） 按：有學者考證認為，《徐文長文集》的評點部份實屬偽作，創作者即是文集的編撰者鍾人傑。但《徐文長文集》發行量較大，成為徐渭作品最為流行的版本，這在確立徐渭在當時文壇的地位中起了一定作用。	陶、袁二人徐渭傳記之後，詩文書畫再一次並稱，但無具體評價。 「畫予不盡見」，說明當時徐渭畫已經罕見。
1616	張丑《清河書畫舫》	張丑（1577～1643）	
1616	李日華《味水軒日記》	1616年4月李日華日記： 讀《徐文長集》，袁中郎宏道表章之，以為「當代一人」，然其人肮髒，有奇氣而不雅馴，若詩則俚而詭激，絕似中郎，是以有臭味之合耳。雜劇《四聲猿》，卻是妙手。（3-1239）	李日華沒有提及徐渭的書法與繪畫。可見其對此袁中郎的稱讚是不認同的。

1617	陸張侯輯印《一枝堂稿》	陸張侯《一枝堂稿序》： 先生落筆驚風雨、泣鬼神，……才脫稿輒棄去，而予大父時時爲手輯之。（《徐渭集》，第 1353 頁。）	
1619	商維濬重印《徐文長三集》	萬曆 47 年商氏修改重印《徐文長三集》。	徐渭相關評論沒有變化。
1622	孫一觀校刻《徐文長先生秘集》	董其昌序（疑僞，不錄）。	《徐文長先生秘集》實爲僞書，但從側面説明徐渭對當時文壇的影響。
1622	張庚《圖畫精意識》	周忠介公《墨竹圖》： 小幅，長三尺許，竹只一杆，蒼勁疏暢，自題詩一絕云：「老老蒼蒼一竹竿，長年風雨不知寒。好教直接凌空去，任爾時人仰面看。」有識云：「天啓壬戌（1622）重陽前二日，客有攜天池百卉長卷見示於中，獨此君筆法遒勁，深得與可三昧，因發興撫此，竟不自知其醜也，蓼洲散人周順昌並識。」（《美術叢書》，第 1402 頁。）	從本表來看，這一紀錄，是徐渭繪畫被激賞的最早的文獻。
1623	張岱校輯《徐文長逸稿》	徐渭《評字》： 黃山谷書如劍戟，構密是其所長，瀟散是其所短。蘇長公書專以老樸勝，不似其人之瀟灑，何耶？米南宮書一種出塵，人所難及，但有生熟，差不及黃之勻耳。蔡書近二王，其短者略俗耳，勁淨而勻，乃其所長。孟頫雖媚，猶可言也。其似算子率俗書不可言也。嘗有評吾書者，以吾薄之，豈其然乎？ 　　倪瓚書從隸入，輒在鍾元常《薦季直表》中奪舍投胎，古而媚，密而散，未可以近而忽之也。吾學索靖書，雖梗概亦不得，然人並以章草視之，不知章稍逸而近分，索則超而仿篆。分間布白，指實掌虛，以爲入門，迨布勻而不必。筆態入淨媚，天下無書矣。握入節，乃大忌。雷大簡云：「聞江聲而筆法進。」噫，此豈可與俗人道哉？江聲之中，筆法何從來哉？隆慶庚午（1570 年）元日，醉後呼管至，無他書，漫評古人，何足依據！先生評各家書，即效各家體，字畫奇肖，傳有石文。（《徐渭集》，第 1055 頁。） 　　王思任《徐文長先生佚稿序》言徐渭： 又性癖潔陰瘠，不愛錢，貧即鬻自所書畫，得飲食便止，終不蓄餘錢。……一	「貧即鬻自所書畫」的做法絕不會是一種常態，或者説，徐渭賣字畫的機會不應太多。 「今海內無不知有徐文長矣！」説明徐渭的名聲確實在其文集傳播的推動下得以提升。徐渭形象因文字內容的豐富得以豐滿。讀者從徐渭《評字》，的內容，自可以意會其較爲傳統的書法觀念。

1624	方濬頤《夢園書畫錄》		
		有當意，即衰童邊妓，屠販田儓，操腥熟一盛，螺蟹一提，敲門乞火，叫拍要挾，徵詩得詩，徵文得文，徵字得字。（《徐渭集》，第1350頁。）	
		張汝霖《刻徐文長佚書序》： 　　今海內無不知有徐文長矣！……余孫維城搜其佚書十數種刻之，而欲餘一言弁其端。爲文長搜佚書，故亦搜佚事與之，使知其人果不盡於其文耳。若以文則當吾世一中郎知者足矣，何必從千載後問楊子雲也。癸亥秋硴園居士張汝霖書於湖西公署之大樹軒。（《徐渭集》，第1350頁。）	
		方濬頤《夢園書畫錄》著錄馮銓等跋《明徐文長書李白詩九首九十一行草書長卷》： 　　紙本。今尺高八寸，寬一丈一寸餘。書李白詩九首九十一行。卷首有馮銓題「天池遺跡」四字。首鈐「正亨私印」四字，尾鈐「荷衢」二字。「端溪何叔子字瑗玉號蓮盦過眼經籍金石書畫印記」。 　　天池述李太白作漫書。 　　1 文長於檇李時一老氍毹耳，死後爲屠緯眞所賞識，大祗有千秋才厄，一時遇事之常也。我明七子後名噪於隆萬間者，獨文長與中郎兩人焉。中郎以十集行世，文長亦不憾不足。然知其名者多醉心於文若，得知其書法者正寥寥也。然文長、亦不以書法重觀者，轉以其書法奇耳。此卷出自陳鼎元手，持索涿鹿馮太史品題其妙。 　　2 噫，左氏賦《三都》得元宴而重者，其太史之跋乎？茂苑卜遠讀識。 　　3 徐文長落落世外，其文得石簣、中郎兩先生乃行，此卷得馮太史品題，亦是珍於拱壁，世自有識寶者不在一時也。上海張肇林。 　　4 文長起山陰，磊落不羈，放意騷壇幾欲前無作者，余每竟其全集何減歷下琅邪，至於小品亦復吉光片羽殊足寶也。乙丑（1625）京邸偶睹茲卷，知其兼擅鍾王。令吾王父考功而在定爲擊節。東海豐建。 　　5 徐文長當代奇人，身雖不遇，而才名藉藉，其所畜積固非偶然者，吾觀其所遺詩文，大都有不可一世之態，今此卷筆勢軒舉，氣致疏宕，別具有一種風味，似不火食者亦足賞也。陳鼎元家藏物而嚴君重持來索題，吾是以得縱觀之。涿鹿馮銓（1595～1672）題。同觀者卜萬安、姚瞻	這是第一次顯示有名人對徐渭書法作題跋。從徐渭書法被後代接受的時間看，1624年的題跋是比較早的，但其可靠性很難說。因未見墨蹟，故未作深度辨析。 　　「死後爲屠緯眞所賞識」的說法，筆者未見相關材料。屠隆推舉明代的書家的相關材料中沒有徐渭。

		雲，甲子孟夏廿又四日也。 　　6 徐文長一翁牖士耳，生不遇默林胡公則詞章不重，歿不遇中郎袁公則蘊藉不揚，文長雖好學得二公而名益顯．餘未見其人而雅恭其名，今忽覯其真跡，嬉笑怒罵宛在筆端，令觀者指。嗟乎，使文長而在，爭當刮目以待。施鳳來。（12-268、269） 　　按：方濬頤《夢園書畫錄》1875 年成書。 　　卷首收藏者潘正亨（1779～1837），字伯臨，號荷衢，廣東番禺人。馮銓（1595～1672），字振鷺。順天涿州（今河北涿州市）人，明萬曆進士。天啓五年（1625），詔事魏忠賢，以禮部侍郎兼東閣大學士入內閣。順治元年（1644）降清。馮銓曾收集彙編摹刻《快雪堂帖》。施鳳來（1563～1642），萬曆三十五年（1607）進士。由翰林薦擢禮部尚書。時魏忠賢當國，鳳來和柔取媚，依阿權勢，官至大學士。崇禎初，爲官言所劾，乞休去。忠賢被誅，落職閒住。	
1631	朱謀垔《畫史會要》	徐渭，字文長，養白鷳以自怡，號白鷳山人。山陰諸生，薛方山試之，謂其文句句鬼語，不第。胡少保宗憲招致幕府主文章，生豪縱自如，少保益重之。後少保功而讒死，冤憤不已，狂中畫《雪壓梅竹》，題云：「雲間老檜與天齊，滕六寒威一手提。折竹折梅因底事，不留一葉與山溪。」又作《葡萄》，題云：「筆底明珠無賣處，閒拋閒擲野藤間。」則自慨其淪落不偶者。在幕府所得資，盡委聲酒服飾間，及老，貧甚，鬻手自給。人操金請者，遇窮時乃一爲之，晚絕穀食十餘歲，謂於導引有得。陶石簣言渭貌修偉肥白，音朗然如唳鶴，常中夜呼嘯，有群鶴應焉。（4-568）	徐渭的名字第一次進入書畫史書籍。材料來源當是《徐文長逸稿》和張汝霖《刻徐文長逸書序》。
1631	朱謀垔《書史會要續編》	徐渭，字文清，山陰人。幼孤，性警絕，九歲能屬文，二十爲邑諸生。胡少保宗憲招致幕府，嘗命撰進《白鹿表》，世廟大嘉賞。好與少年醉市肆中，似玩似傲，人或病之。不恤也。於行草尤精奇偉傑。嘗言：吾書一，詩二，文三，畫四。識者許之。其論書主於運筆，大概昉諸米氏云。（4-188）	此段文字，應轉錄自陶望齡《徐文長傳》。
1633	陸雲龍《翠娛閣袁宏道文選》	《十六名家小品》收錄袁宏道《徐文長傳》，並評述： 　　中郎之傳文長，伯敬之傳白雲，皆能不蔽人於沒者也。使其生得之，當何如哉！	

		傳中亦多悲憤語不欲竟之象。蓼其品，衡其詩，俱千秋定案。（崇禎六年彙刊《十六名家小品》）	
1633	張泰階《寶繪錄》	成書於崇禎六年（1633）。	
1634	郁逢慶編《書畫題跋記》	《書畫題跋記》前集成於崇禎七年（1634）。	
1640	張溥《舊雨軒藏帖》	《舊雨軒藏帖》著錄徐渭《唐父母得獎奉賀七律》。（《叢帖目》，第 981 頁。） 按：徐渭《唐父母得獎奉賀七律》，崇禎十三（1640）年被刻入《舊雨軒藏帖》。徐渭《徐文長逸稿》卷四有《唐簿得獎》並序：醉翁，謂其友，朱生也。鳳鸞何代獨無之，枳棘卑棲盛羽儀。挽粟一朝樓櫓去，旌書連夜度支移。邑多竹色袍俱映，路近松江繪每思。黃浦醉翁聞此信，定抽采筆寄新詞。（《徐渭集》，第 791 頁。）	徐渭作品首次進入刻帖。其為友人作詩，因詩稿留存而得以刻石。
1643	汪砢玉著《珊瑚網》	著錄徐渭書法兩件 1、徐文長《評字》手跡（5-981） 2、徐渭《跋停雲館帖》： 祝京兆書，乃今時第一，王雅宜次之。京兆《十七首》書固亦縱，然非甚合作，而雅宜不收一字。文老小楷，從《黃庭》、《樂毅》來，無間然矣。乃獨收其行書《早朝詩》十首，豈後人愛翻其刻者詩而不計較其字耶？（5-982） 按：徐渭原文《跋停雲館帖》：待詔文先生，諱徵明。蓼刻《停雲館帖》，裝之多至十二本。雖時代人品，各就其資之所近，自成一家，不同矣。然其入門，必自分間布白，未有不同者也。捨此則書者為痺，品者為盲。雖然，祝京兆書乃今時第一，王雅宜次之。京兆《十七首》書固亦縱，然非甚合作，而雅宜不收一字。文老小楷，從《黃庭》、《樂毅》來，無間然矣。乃獨收其行書《早朝詩》十首，豈後人愛翻其刻者詩而不計較其字耶？荊公書不必收，文山公書尤不必收，重其人耶？噫，文山公豈待書而重耶？（《徐渭集》，第 976 頁。）	《評字》手跡是 1623 年張岱編集刊出的《徐文長逸稿》中的文字，並非作者所見墨蹟。 《跋停雲館帖》是徐渭對《停雲館帖》的審美取向所做的評論，對其選帖、選人都有看法。從中可見徐渭的書法觀念。
1644前	鄧實《談藝錄》	鄧實《談藝錄》載明代張國泰《與友書》：「昨得青藤《雪裏荷花》畫一幅，初覽之，以為謬甚，及讀其題詞曰『六月初三大雪飛，碧翁卻為竇娥奇。近來天道亦私曲，莫怪筆底有差池』之句，始信其非謬也。」（《美術叢書》，第 1966 頁。）	

1654 前	張岱《瑯嬛文集》	張岱《跋徐青藤小品畫》： 　　唐太宗曰：「人言魏徵倨強，朕視之更覺嫵媚耳。」倨強之與嫵媚，天壤不同，太宗合而言之，餘蓄疑頗久。今見青藤諸畫，離奇超脫，蒼勁中姿媚躍出，與其書法奇崛略同。太宗之言，爲不妄矣！故昔人謂：摩詰之詩，詩中有畫；摩詰之畫，畫中有詩。餘亦謂：青藤之書，書中有畫；青藤之畫，畫中有書。（《瑯嬛文集》，上海雜誌公司 1935。第 146、147 頁。）	第一次把徐渭的書與畫並稱，並有書畫交融之論，且給畫以較高評價。
1654 後	周亮工《賴古堂書畫跋》	周亮工《題徐青藤花卉手卷》： 　　青藤自言：「書第一，畫次；文第一，詩次。」此欺人語耳，吾以爲《四聲猿》與草草花卉，俱無第二。予所見青藤《花卉卷》，皆何樓中物，惟此卷命想著筆皆不從人間得。湯臨川見《四聲猿》欲生拔此老之舌，櫟下生見此卷欲生斷此老之腕矣！吾輩具有舌、腕，妄談終日，十指如懸槌，寧不愧死哉？余過山陰，既不得見公，訪公所謂青藤書屋者，初歸吾友老蓮，今蕩爲荒煙蔓草矣！即其子戲呼爲蔗渣角尖者亦沒沒無聞。青藤之名空與千岩萬壑競秀爭流而已，撫此浩歎者久矣。（7-941）	周亮工對徐渭的藝術才能給予全面評價：書畫俱無第二。可見其對徐渭的推崇。
1660	孫承澤《庚子消夏記》	孫承澤（1593～1676）	
1661 ～ 1665 ？	朱之赤《朱臥庵藏書畫目》	著錄徐渭作品三件： 1《竹石荷花牡丹圖》（4-805） 2《花枝圖》（4-808） 3《一掌紅塵圖卷（自題自詠自跋）》（4-810） 按：謝巍考《朱臥庵藏書畫目》，當作於 1661 到 1665 之間。	徐渭作品第二次進入著錄書。
1652 ～ 1673	徐沁《明畫錄》	徐沁《明畫錄 花鳥敘》： 　　寫生有兩派，大都右徐熙、易元吉，而小左黃荃、趙昌，正以人巧不敵天眞耳。有明惟沈啓南、陳復甫、孫雪居輩涉筆點染，追蹤徐、易，唐伯虎、陸叔平、周少谷以及張子羽、孫漫士，最得意者差與黃趙亂眞。他若范啓東、林以善極遒逸處頗有足觀。呂廷振一派，終不脫院體。豈得與大涵牡丹、青藤花卉，超然畦徑者，同日語乎！（10-26） 　　徐渭小傳：徐渭字文長，號天池，晚稱青藤道人。山陰人，爲諸生，工詩義，應胡少保宗憲闢，作《白鹿表》，名重一時。中歲始學畫花卉，初不經意，涉筆瀟灑，天趣燦發，於二法中。皆可稱散僧入聖，	徐沁第一次在畫史中給徐渭較高級別的定位。 　　張岱序顯示其與徐沁有交往，還有材料顯示徐沁爲徐渭族人。 　　徐沁對徐渭的崇拜是否與推介，是否與「族人」有關？但從文字內容來看，應與其審美觀念更相契合。

		畫上自爲題句，書法更佳，署曰：田水月。（10-28） 按：徐沁《明畫錄》因不避清聖祖諱，應成書於1660前。	
1673	徐沁輯錄《徐文長佚草》	徐沁《徐文長佚草序》： 　　文長公詩文商景哲匯梓其《三集》，陶文簡公序之。今所稱中郎選本乃錢塘鍾瑞先假託行世，非完書也。及張陶庵逸稿出，公生平撰著竊謂無遺。比余游泰寧寺龍南山居，壁間皆有佚句。輒興采輯之役。已得《秋韝詩》十餘首，即公《春興》所謂蠹飽經箱者，欣喜備至。於是故家藏卷、好事秘跡，展轉借索，無慮數百本，殘箋斷楮一時畢出，若有神助。編成題曰「佚草」，志補亡也。……公小字「佛壽」、如「田水月」、「大環」、「筍孤」、「漱者」、「蔚藍生」，皆其別號，又如「青藤」、「金壘」係以「道士」，「天池」、「石芝」、「宛委之臾」、「白鷴」係以「山人」，其「鵬飛處人」、「西河老人」、「鵝鼻山農」，率皆隨時題署。…… 按：徐沁多年從事徐渭詩文佚作的搜集，晚年編成《徐文長佚草》，沒有付印，只以抄本流傳。《續修四庫全書》第1355冊（上海古籍1995），所收的《徐文長佚草》是據寧波天一閣博物館藏清初息耕堂抄本影印的。書前有張岱《再刻文長佚稿序》、鄭梁《徐文長佚草序》、徐沁《序》和陳勳《讀徐文長集》。	後世很多書畫作品題款和印章用「佛壽」、如「田水月」、「大環」、「筍孤」、「漱者」，蓋源於此。從此序看，徐渭墨蹟存留當有相當數量，可惜今多不得見矣。
1677	吳其貞著《書畫記》	吳其貞（約1607～1681）	
1679	王概《芥子園畫傳・學畫淺說》	《學畫淺說》與徐渭相關部份內容： 　　用筆：徐文長醉後拈寫字敗筆，作拭桐美人，即以筆染兩頰，而丰姿絕代，轉覺世間鉛粉爲垢，此無他，蓋其筆妙也。用筆至此，可謂珠撒掌中，神遊化外。書與畫均無歧致。（《芥子園畫譜》初集卷一。《畫學淺說・用筆》） 　　天地位置：鹿柴氏曰，徐文長論畫，以奇峰絕壁，大水懸流，怪石蒼松，幽人羽客，大抵以墨汁淋漓，煙嵐滿紙，曠若無天，密如無地爲上。此語似與前論未合。曰：「文長乃瀟灑之士，卻於極填塞中具極空靈之致。夫曰曠，若曰密，如於字句之縫早逗露矣。」 　　落款：元以前多不用款，或隱之石隙，	繪畫技法第一次得到推廣，並通過題詩文長與白陽第一次並列。此時對徐渭的認識顯然已與前期有所不同，徐渭繪畫的題材被拓展，繪畫的能力似乎也被強行提升。

		恐書不精，有傷畫局耳。至倪雲林字法遒逸，或詩尾用跋，或跋後係詩，文衡山行款清整，沈石田筆法灑落，徐文長詩歌奇橫，陳白陽題志精卓，每侵畫位，翻多奇趣。近日俚鄙習匠，宜學沒字碑爲是。（8-956、958。）	
		按：王概《學畫淺說》見於康熙十八年（1679）出版的《芥子園畫傳》初集。對徐文長的評語不知來自哪方面的信息，後爲《越畫見聞》所引。	
1679	王概《芥子園畫傳》初集	《芥子園畫傳》（初集）中，巢勳臨仿各家畫譜上有兩件徐渭：1《模仿諸家橫長各式二十幅》之十八《徐文長畫 並詩》；2《模仿諸家扇式十幅》之九《蘇東坡枯木竹石圖（徐文長臨 並詩）》。（王概《《芥子園畫傳》第一集《山水》，人民美術出版社1982，第324、349頁。）	《芥子園畫傳》（初集）已經把徐渭當作著名畫家選入。
1679後	姜紹書《無聲史詩》	渭於行草書尤精奇偉傑。嘗言：吾書第一，詩二，文三，畫四，識者許之。渭作畫花卉爲多，而書則眆諸米氏。落款往往作「田水月」，亦好奇之過歟。（4-848）	
1680前	王原祁等《佩文齋書畫譜》	明徐渭《荷花圖》，青藤道人詩字畫一代三絕，此蓮花圖葉葉如在八面風中百折不回，具有千鈞力勢。花即宴然不用力勢如屋裏人不知屋外事。險刻亦用力勢，字頹放亦不用力勢，應照應處各不相照應，不照應處恰好照應，且道是什麼境界。（《偏行堂集》見《四庫全書》本。）	詩字畫一代三絕。
		按：《偏行堂集》的作者澹歸今釋，其生卒爲1614～1680年。俗姓金，名堡，字道隱，號衛公。清順治九年（1652）在廣東受具足戒，法名今釋。字澹歸。	
1682	卞永譽《式古堂書畫匯考》	著錄徐渭書法五件、畫二件： 1《徐文長評字墨蹟》。（6-66） 按：另見本表1623年張岱編《徐文長逸稿》和1643年汪砢玉著《珊瑚網》。 2《跋停雲館帖》（6-66）。 按：另見本表1643年汪砢玉著《珊瑚網》。 3《徐文清書李杜詩帖》，草書、紙本，帖中皆書李詩，標題依原欵。（6-629） 4《徐文長書大江東去詞帖》，行楷書、紙本。（6-629） 5《青藤道士諸詩帖》11首。（6-629） 6《天池山人書太白詩》，草書、紙本。	這次著錄的作品比較多，是因爲卞永譽有轉錄前人著錄的情況。從作品類型看，書法作品多於繪畫作品，作品樣式以長卷爲主。

		（6-630） 7《徐文長寫生十二圖並題卷》，紙本，筆氣俊逸，墨光鮮潔，如見握管大呼時。畫《墨牡丹、飛白竹》、《杏花》、《荷花》、《玉簪、菊花》、《芙蓉》、《芭蕉》、《墨石水仙》、《梅花》、《玫瑰》、《山茶》、《螺殼蒲草》。（7-229、230） 另有辛酉（1681）長跋一條附畫後： 　　文長徐山人，不特中郎以為「有明一人」也，當日沈青霞君曰：「自某某以後若干年，不見有此人。」武進唐先生亦謂：「殆輩吾後，今去山人八十八年矣。」山人嘗自言：「吾書第一，詩二，文三，畫四。」則花草竹石其旁溢者。然餘見《三集》、《逸稿》及手鈔散帙，動多題句所云：「世間無事無三昧，老來戲謔塗花卉。」又云：「不求形似求生趣，根撥皆吾五指栽。」豈固如登州蜃樓邪？此卷《杏花》、《玉簪》、《菊水仙》、《蘭》、《玫瑰花》，載《三集》。荷獨朵，芙蓉淺色，《牡丹》詩載《逸稿》，餘若《梅花》用元章換米事，《茶花》用昆明事，略與集同。而另為一首芭蕉句差減於集，虎鬚蒲止五言二句，見鈔本。而集中有《賦客強餘畫十六種花》者，有《賦餘作花十二種》者，皆七言古詩，又有《賦畫百華卷與史甥，題曰：漱老謔墨》者，茲則寫十二種，各題之而標以「漱老墨謔」，別為一卷。而《玉簪》詩，「老人」作「老夫」，《玫瑰》詩「畫裏看花不下樓」作」灑墨為花醉小樓」，「無因」作「何因」，小有同異，文人涉筆往多類是。於是，書與詩與畫具此矣。文則備已，未梓本行事，詳於自銘《畸譜》及陶、袁兩傳，宜考鑒也。辛酉（1681）書示勝吉於漱藤阿重山堨。紙本裝卷後（7-230） 按：《式古堂書畫匯考》卷五十九。成書於康熙二十一年（1682），係採錄前人著錄書畫之作與本人所見所聞者匯輯而成。	
1685	高士奇《江村銷夏錄》	著錄徐渭作品二件 1 徐文長《水墨寫生卷（9種）》。每種各題其上。《牡丹》、《竹枝》、《蘭花》、《荷花》、《葡萄》、《杏花、竹石》、《菊花》、《蟹》、《魚》。康熙乙丑夏六月，隨錢塘學士同直大內南書房，積雨新晴，禁庭初暑，先生攜徐文長畫卷相示，草樹蟲魚，潑墨瀟灑，逌爾而笑，如在江湖。因題此後方，並識	徐渭作品又一次被著錄，有畫無書。著錄書中第一次出現有題跋的記載。作品存疑。

		歲月。崑山徐乾學。（7-1038） 2 徐文長《風鳶圖卷》（紙本），錄風鳶詩十八首，無款。（7-1039） 按：清代高士奇編著。三卷。有康熙三十二年（1693）自序及宋犖、朱彝尊兩序。經三年編撰，錄自藏或目睹之書畫，不分類別。徐乾學（1631～1694），字原一，號健庵，清江蘇崑山人。明末清初著名學者顧炎武的外甥。	
1691	王毓賢《繪畫備考》	有康熙三十年自序。	
1692	顧復《平生壯觀》	著於康熙三十一年。	
1692前	李因篤跋《雜花六段卷》	李因篤跋中國歷史博物館藏《雜花六段卷》： 　　畫品翛然絕塵，對之輒有振衣千仞之想，此卷蒼古不必論，而高情逸韻，識者自於筆墨之外遇之。絕代佳人，粗服亂頭，卻扇臨風，令六宮粉黛無色。 按：李因篤（1632～1692），字子德，一字孔德，號天生，陝西富平東鄉人。	李因篤卒年是1692年，題跋沒有時間記載。這件作品是筆者論文辨偽作品中有題跋內容的，題跋時間最早的一件作品。
1692前	孔尚任《享金薄》	著錄徐渭作品兩件： 1 徐文長《理葡萄詩卷》。 2 徐文長《書早朝詩》大幅，奔放有奇氣。（《美術叢書》，第422頁。）	
1693	車萬育撰輯《螢照堂明代法書》	《螢照堂明代法書》收錄徐渭跋宋濂《魏上尊號奏跋》、《京口望潮七絕》。（《叢帖目》，第984頁。）	
1695	宋犖撰《西陂類稿》	宋犖跋《文康公雜畫》：……文康公畫筆乘興點染，爛然天真，生平心折陳淳、徐渭二人，此殆似之。康熙丙子（1695）三月十日重加裝池灑淚題此。（8-698）	陳淳、徐渭再次並稱。
1695	吳楚材、吳調侯編選《古文觀止》	袁宏道《徐文長傳》被選入《古文觀止》。 按：康熙三十四年《古文觀止》收錄明文22篇，有袁宏道《徐文長傳》，其選取的是《瓶花齋集》中修改後的版本。	《古文觀止》作為普及讀物，流傳版本甚多，是對徐渭奇人形象的宣傳起普及作用。
1695？	林雲銘《古文析義》	林雲銘《古文析義》對袁宏道《徐文長傳》的解讀： 　　以「奇」字作骨，而重惜其不得志。悲壯淋漓，文如其人。且令天下後世負才不遇者，一齊下淚。 （吳楚材 吳調侯編選《解題匯評古文觀止》（下冊），華東師範大學出版社2002，第808頁。）	

1697前	梅清《梅瞿山淡墨山水冊》	《梅瞿山淡墨山水冊》第二頁：桐窗高涼，用青藤道士法。瞿山梅清。（以梅清離世年繫入）（13-349）	梅清是見諸記載的，較早受徐渭影響的名家。
1701	巢勳臨本《芥子園畫傳》二集	《芥子園畫傳》二集《蘭譜》中收錄：「仿徐文長法」、「臨徐青藤」各一。（《芥子園畫傳》第二集《山水》，人民美術出版社1982，第67、69頁。）	巢勳臨本《芥子園畫傳》二集出版，已經在初級出版後20多年，徐渭名聲更盛，成爲眾多被倣仿的畫家之一。
1705	高士奇《江村書畫目》	著錄徐渭作品二件 1 徐天池《花卉卷》一卷。不佳；（7-1070） 2 徐文長《花卉墨戲》一卷。眞跡，有東海跋，三兩。（7-1076）	
1705	王士禛《香祖筆記》	著錄徐渭畫作一件 徐渭《墨芍藥》一軸（疑僞），甚奇恣，上有自題云：「花是揚州種，瓶是汝州窯。注以東吳水，春風鎖二喬。」字亦怪醜，予少喜渭詩，後再讀乃不然，只是欠雅馴耳。（王士禛《香祖筆記》上海古籍出版社1982，第230頁。）	評其書法「字亦怪醜」的認識。明顯屬於收僞作影響的結果。
1707前	石濤自題《四時花果圖卷》	石濤題畫詩： 青藤筆墨人間寶，數十年來無此道。老濤不會論春冬，四時之氣隨餘草。（石濤《四時花果圖卷》題詩，見《藝苑掇英》第三十二期，上海人民美術出版社1986。） 按：石濤生卒有多種說法，1642～1707年爲採信汪世清先生的考證，故此段文字應早於1707年。	從本表來看，徐渭首次入畫家題畫中，受到畫家推崇。
1707？	《佩文齋書畫譜》	林日本，字原長，崇禎間辟爲中書不就，檻邊多植梅，人稱爲梅隱。善詩歌，亦工書，酒酣揮翰，縱意所之，徐渭之流亞。《紹興志》（《佩文齋書畫譜》卷四十四，《四庫全書》本。） 按：林日本，崇禎間（1628～1644）人，大約與石濤同期。	林日本被認爲是「徐渭之流亞」，但作品未見，不知是否與徐渭本眞的風格相近。
1707	姚際恆《好古堂家藏書畫記·附續記》	姚際恆（1647～約1715）	
1708	王原祁等《佩文齋書畫譜》	《佩文齋書畫譜》轉引前人內容： 行草書精偉奇傑，嘗言：「吾書第一、詩二、文三、畫四。」識者許之。其論書主於運筆，大概昉諸米氏云。《陶望齡〈歇庵集〉》	

		文長喜作書，筆意奔放如其詩，蒼勁中姿媚躍出。在王雅宜、文徵仲之上。不論書法，而論書神，誠八法之散聖，字林之俠客也。《袁宏道〈中郎集〉》 又 徐渭字文清，更字文長，山陰人，畫花草竹石，皆超逸有致。見《袁中郎集》（《四庫全書》本。）	
1708	佚名《遂初堂書畫記》	著錄徐渭作品一件 《徐天池草書眞跡》一件。（《遂初堂書畫記》卷三第 2 頁。朱家縉《歷代著錄法書目》，紫禁城出版社，1997，第 207 頁。）	
1712	吳升《大觀錄》	成書於康熙五十一年（1712）。	
1714	張照《題徐天池寫生卷》	《天瓶齋書畫題跋》，張照《題徐天池寫生卷》：元章梅花曾換米，余今換米亦梅花；安能喚起王居士，一笑花家與米家。天池原詩。 張照和詩： 1 天竺西邊數間屋，繞之千萬樹梅花。 　春風老盡不歸去，可要眞成換米家。（梅花） 2 珊瑚作節秋爲骨，香玉作膚月作神。 　怪底纖塵著不得，玉郎原是大羅人。（水仙） 3 我本海天野鶴身，啄雲誤入玉堂春。 　看他花發還花落，一度秋來一愴神。（牡丹） 4 空塘續續蓮風起，野水凄凄露氣酣。 　葉北一聲魚拔刺，誰人忽唱望江南。（蓮花） 5 彭澤何心偏愛菊，爲他有骨不開春。 　吾思好事東坡老，用薦題詩作畫人。（菊花） 6 大橋東去吾家是，百本芭蕉水一池。 　忽聽蕭騷如夢裏，先生筆底劇余欺。（芭蕉） 7 昨向庭中植一本，便多飛鳥往來穿。 　晚涼浴罷坐其下，可比江南七月天。（葡萄） 8 從來畫品推摩詰，可惜玉門作畫工。 　誰挹先生雙袖得，襩襬鶴影玉山東。（竹） 　康熙甲午初秋，張照看畫和詩。	就拍賣圖版看，拍賣作品疑偽。

		（8-866） 按：張照（1691～1745）著有《天瓶齋書畫題跋》。此著錄畫卷於北京長風拍賣有限公司 2007 拍賣，編號 0294 的作品內容非常相近，但並非同一件作品。著錄徐青藤原詩只有一首。而拍品共有八首，張照的和詩基本相同，只是排列順序不同。張照落款的內容也相同：「康熙甲午初秋，張照看畫和詩。」原畫卷的款也相同，都是：「天池道人寫雜卉於五雲深處。時萬曆辛卯之重九日。」拍品另有近人王個簃、俞劍華、潘天壽、謝稚柳、王伯敏題跋。筆者疑偽。	
1680～1715	《明史 徐渭傳》	《明史》中的徐渭形象：渭天才超軼，詩文絕出倫輩。善草書，工寫花草竹石。嘗自言：「吾書第一，詩次之，文次之，畫又次之。」當嘉靖時，王、李倡七子社，謝榛以布衣被擯。渭慎其以軒冕壓韋布，誓不入二人黨。後二十年，公安袁宏道遊越中，得渭殘帙以示祭酒陶望齡，相與激賞，刻其集行世。（《四庫全書》本）	《明史》對徐渭評價已經很高：「渭天才超軼，詩文絕出倫輩。」對其書畫評論也發生變化「善草書，工寫花草竹石。」，說明徐渭得到官方全面認可。
1719	康熙五十八年《紹興府志》	徐渭，詳《序志》。是懸筆書，所臨摹甚多，擘窠大字類蘇，行草類米。書險勁有腕力，得古人運筆意，恨不入俗眼。吳人稱祝允明曰：「當其窘時，持少錢米乞書，輒隨手得；已小饒，更自貴也。」渭亦然。其論書訣云：「分間布白，指實掌虛，以為入門始布勻不必勻，筆態入淨媚，天下無書矣。握入節乃大忌，於古人甚服索靖，以為精而仿篆，進世書甚取倪瓚，而不滿趙吳興。」（康熙五十八年《紹興府志》，臺灣成文出版社，民國七十二年。第3259頁。） 按：康熙五十八年《紹興府志》這部份內容，為翻刻萬曆十五年《紹興府志》之《人物志 方技》的內容。徐渭在《人物志 儒林》中另有介紹，見康熙五十八年《紹興府志》，第4097～4099頁。但未涉及書畫。	康熙五十八年《紹興府志》保留了萬曆《紹興府志》對徐渭書法方面的介紹。
1720	楊賓《大瓢偶筆》	幼時聞前輩云：徐青藤書片紙取酒市肆，久之不償其值，酒家苦之。及青藤沒，人重其書，以一金易一字，直逐數十倍。逸少題蕺山老嫗六角扇，嫗有慍色。門生設佳饌，書新榡版幾報之，為其父刮去。子敬子敬門生以子敬書種蠹。作佳書致謝安，安輒批還之。夫不遇知己，王氏父子且不免，況青藤乎。（8-790）	楊賓所記，只是徐渭書畫傳奇故事。

康熙年間	過商侯《詳訂古文評注全集》	古人以數奇不得志而死者多有，未有若文長之憤極而自戕者。篇中寫詩奇、文奇、字奇、畫奇，以立抱恨而死之奇，總由「數奇」二字寫來，悲壯淋漓，情事團湊，亦是奇筆。 （清過商侯選編；周鬱年標點；朱太忙校閱《古文評注讀本》第 4 冊，廣益書局，1936，第 122 頁。）	
1733	繆曰藻《寓意錄》	繆曰藻（1682～1761）	
1734	週二學《一角編》（抄本）	鮑廷博抄本有雍正十二年（1734）丁敬序。	
1735	張庚著《國朝畫徵錄》	汪泰來，康熙辛卯（1711）舉人，善花草意致在白陽、青藤之間，尤長松石。 李方膺（1679～1755 後）善畫松、竹、蘭、菊及魚、蟲，尤擅畫梅。筆意在青藤、竹憨之間。（10-454） 陳原舒（1612～1682）所作花鳥草蟲在陳道復、徐青藤之間。（7-960） 杜曙，善水墨花草，灑落自適，有徐天池風。（10-443）	《國朝畫徵錄》記載學習白陽、青藤的畫家，此後出現頻率更高。繪畫風格在白陽、青藤之間等的概念也常常出現。 筆意在青藤、竹憨之間。 有徐天池風。
1735？	鄭燮《鄭板橋集·題畫》	徐文長先生畫雪竹，純以瘦筆破筆燥筆斷筆為之，絕不類竹；然後以淡墨水鉤染而出，枝間葉上，罔非雪積，竹之全體，在隱躍間矣。今人畫濃枝大葉，略無破闕處，再加渲染，則雪與竹兩不相入，成何畫法？此亦小小匠心，尚不肯刻苦，安望其窮微索渺乎！ 徐文長、高且園兩先生不甚畫蘭竹，而燮時時學之弗輟，蓋師其意不在迹象間也。文長、且園才橫而筆毫，而燮亦有倔強不馴之氣，所以不謀而合。（張素琪編注《板橋題畫》，西泠印社出版社 2006，第 20、101 頁。） 玉輅：《題板橋先生行吟圖》有句，「人愛青藤狂態好，詩教碧玉濕聲漚。」（北京榮寶齋藏墨蹟） 王衍梅：《題鄭板橋先生像》有句：「作書尤可喜，一一龍蛇驚。將非李青蓮，而豈徐青藤。」（李福祚《昭陽述舊編》卷三，咸豐七年丁巳（1857）刊，美國哥倫比亞大學藏本） 鄭板橋曾以五百金換天池（徐渭）石榴一枝，並刻有一方印章，稱「青藤門下走狗」。（袁枚《隨園詩話》卷六。人民文學出版社 1982，第 178 頁。）	

康熙年間	佚名《書畫史》	徐渭小傳：徐渭字文長，號天池，山陰人，幼孤，性警絕，九歲能屬文，二十爲邑諸生。胡少保宗憲招致幕府，嘗命撰進《白鹿表》，世廟大嘉賞。好與少年醉市肆中，似玩似傲，人或病之。不恤也。於行草尤精奇偉傑。嘗言：吾書一，詩二，文三，畫四。識者許之。其論書主於運筆，大概昉諸米氏雲。(7-391)	
1735	《浙江通志》	楊珂，其書法與徐渭齊名。(《浙江通志》卷一百八十，文淵閣《四庫全書》本。)	楊珂名聲原本大於徐渭，今已經倒置。
1735？	魯駿《宋元以來畫人姓氏錄》彭蘊燦《歷代畫史會傳》	1 昆陵潘是稷，字南田，工花卉。《畫囊》 2 潘是稷號劍門山人，善畫大竹琅軒數尺，墨瀋淋漓，頗得前人筆意。《書畫紀略》 3 南田寫雜卉，有徐文長筆法。《秋山讀畫錄》(13-513) 《歷代畫史會傳》潘是稷一條： 　　潘是稷，字南田，號墨癡，又號劍門山人，常熟人。大竹得前人筆意，花卉有徐渭筆法。(11-192)	「墨瀋淋漓」是徐渭繪畫的特色。
1737？	張庚《圖畫精意識》	著錄徐渭《鷺鷥》一幅： 　　《徐天池畫》，文長以墨寫鷺鷥，縱逸有致，自題云：「霹靂一聲響，眾鳥皆藏跡。鷺鷥躲入破窰中，染得一身都是黑。」狂態可見。(《美術叢書》，第 1413 頁。)	
1742？	安岐《墨緣匯觀》	安岐（1683～1745 後）	
1744？	金毓紱輯《皇清書史》	著錄徐渭作品一件 　　予藏徐渭《墨花卷》後有聞遠，及李谷齋、傅凱亭、伊肩吾諸家題識。聞遠書作狂草、所署名款幾不可識、蓋醉後筆也。《木葉廢法書記》(金毓紱輯《遼海叢書》第五集《皇清書史》卷 22～25，遼海書社 1934。第 10 頁。) 按：音布（康雍乾時期人）長白山人，姓赫舍裏氏，字聞遠，別號雙峰居士，滿洲諸生。音布書法享名當時，且與鄭板橋（1693～1765）相友善。	
1745	《石渠寶笈初編》	著錄徐渭作品十件 　　1 卷十六，徐渭《寫生》一卷，次等； 　　2 卷十七，徐渭《寫生牡丹》一軸，次等； 　　3 卷三十四，徐渭《畫竹》一卷，次等；	可以說是徐渭作品大規模進入官方收藏。

		4 卷三九，徐渭《牡丹圖軸》； 5 卷三十八，徐渭《花竹》一軸，上等； 6 卷三十八，徐渭《荷》一軸，上等； 7 卷三十一，《徐渭詩帖並書評》一冊，次等張一； 8 卷三十一，徐渭《行書五言古詩四首，又書評九則》； 9 卷三十一，《徐渭冊》計四十幅； 10 卷三十一，《徐渭書千文》一卷，次等； （《四庫全書》本）	
1746 ？	鄭板橋題《枯木竹石圖》等	李鱓題畫：「揚州名筆如林，而寫意用筆之妙，生龍活虎，以本朝石濤爲最，可與青藤道人並駕齊驅。」（袁枚《隨園詩話》卷六。人民文學出版社 1982，第 178 頁。） 南京博物院藏李鱓《蕉陰鵝夢圖》題詩：「廿年囊筆走都門，謁取明師沈逸存。草綠繁華無用處，歸行摹寫天池生。」（見《揚州八怪年譜》上冊，江蘇美術出版社 1990，第 23 頁。） 鄭板橋題李鱓六十歲前時爲退庵禪師所作《枯木竹石圖》云：「此復堂六十內畫也，力足手橫，大是青藤得意之筆，不知者以爲贗作，直是兒童手眼未除耳。」（《揚州八怪考辨集》江蘇美術出版社 1992，第 339 頁。） 按：李鱔（1686～1762），（鱔，一作鱓）字宗揚，號復堂，又號懊道人，江蘇興化人。	此時青藤地位遠遠高於石濤，才會有此說。青藤在揚州八怪等人心目中地位顯赫，備受推崇。
1747 ？	梁同書藏《明清名人尺牘》	收錄徐渭《銀包帖》（《叢帖目》，第 592 頁。） 按：以梁同書中舉年（1747）年錄入。	
1750 前	戈守智《漢溪書法通解》	《漢溪書法通解》與徐渭相關內容： 黏合：字之本相離開者，即欲黏合，使相著顧揖乃佳。如諸偏旁字「臥」、「鑒」、「非」、「門」之類是也。索靖曰：「譬夫和風吹林，偃草扇樹，枝條順氣，轉相比附。」趙孟頫曰：「毋似束薪，勿爲凍蠅。「徐渭曰：「字有懼其疏散而一味扭結，不免束薪凍蠅之似。」（10-486） 按：《漢溪書法通解》，日本文政五年（1750）星文堂等刻本。前有文政五年（1750）村瀨綱翻刻序。乾隆十五年（1750）金志章序、厲鶚序、梁啓心序、梁詩正序、戈守智自序。	

1752	邊壽民題《雜畫卷》	天津藝術博物館藏邊壽民《雜畫卷》題畫「筆意在青藤、白陽之間。」（《揚州畫派書畫全集》，江蘇美術出版社，1992）	筆意在青藤、白陽之間。
1755	翁方綱題《雜花圖卷》	翁方綱題南京博物院藏《雜花圖卷》（眞跡）： 墨鷗夷作青蛇咋，柳條搓線收風餘。 幽墳鬼語聱婦哭，帥雪神光摩碧虛。 忽然灑作梧與菊，葡萄蕉葉榴芙蕖。 紙才一尺樹百尺，何處著此青林廬！ 恐是磊砢千丈氣，夜半被酒悲啼嘘。 淋漓無處可發洩，根莖下識誰權輿。 尚未遽寫太湖石，蒼茫迥門勾勒初。 江樓高歌大風雨，東家蝴蝶飛蘧蘧。 田水月亦自喻語，千峰梅花一罋驢。 空山獨立始大悟，世間無物非草書。 翁方綱題於乙亥除夕前二日。 按：南京博物院藏《雜花圖卷》，卷後有翁方綱題於乙亥除夕前二日。翁方綱一生經歷兩個「乙亥」年，據《復初齋詩集》稿本，始於乾隆十七年壬申，止於三十八年癸巳，故筆者採用前者。參見葉德輝等撰，湖南圖書館編《湖南近現代藏書家題跋選》第 2 冊，嶽麓書社 2011。第 283 頁。 《書畫鑑影》亦著錄此卷，但沒有顯示其後有翁方綱題跋。原題爲徐天池《花卉長卷》： 紙高一尺三寸，長四丈三尺五寸。紙連十幅，寫意快如風雨。凡作牡丹、石榴、梧桐、菊、瓜豆、紫薇、葡萄、芭蕉、梅、水仙十二種，桐、蕉皆植立，不見首尾，枝葉側附，桐枝橫長至九尺，蕉葉長至五尺，葡萄至七尺，餘布置亦匪夷所思，奇構也。題在後：「天池山人戲抹。」（《書畫鑑影》卷七，第九頁。見《續修四庫全書》第 1085 冊，第 716 頁。）	
1757	廖景文《書畫紀略》	遇而未遇，徐文長、唐六如同悲。……憶曩在天津，見文長畫蘭二冊，筆法極佳，跋語亦精稚，索價甚昂而未售。 （謝巍《中國畫學著作考錄》，上海書畫出版社 1998。第 544 頁。）	
1759	迮朗《三萬六千頃湖中畫船錄》	迮朗，字萬川，江蘇吳縣人，生卒年不詳。此書著錄作者所見繪畫，以明代和清代初期畫家的作品居多。作者自序寫於乾隆六十年（1759）。	

1773	《四庫全書總目提要》	今其書畫流傳者，逸氣縱橫，片褚尺嫌，人以爲寶。（文淵閣《四庫全書》本）	隨著時間向後推移，官方評價，且評價也發生變化。與《明史》中對徐渭的定位已大不相同，可見徐渭書畫地位不斷攀升的事實。
1776	謝希曾《契蘭堂書畫錄》	《契蘭堂書畫錄》著錄徐渭《與李少翁帖》（朱家溍主編《歷代著錄法書目》紫禁城出版社 1997，第 207 頁。）	
1776	陸時化《吳越所見書畫錄》	著錄徐渭作品六件：1《墨花卷》，卷首的「東風識面」天池徐渭書；2《醉人》立軸；3《水墨牡丹》立軸；4《雙蟹圖》立軸；5《墨菊》立軸 6 徐文長《千文卷》，萬曆九年（1581）三月九日徐渭書。（8-1023）	
1776	翁方綱《翁方綱題跋手箚集錄》	翁方綱跋《徐天池書（爲張瘦銅摹本）》：乾隆丙申正月，陳伯恭吉士買得徐天池書一聯，云「腹中饑冷磨難熬，頭上霜濃曬不消」。旁云「正德丁卯書於秋澗堂，天池徐渭」，筆勢縱逸。張瘦銅舍人見而愛之，舍人有董香光書七律卷，香光得意書也。吉士欲以董卷相易，舍人難之，乃屬餘臨此，意欲以傲吉士也。余之臨本顧何足道？而舍人、吉士風雪挑燈，一時流連往復之致，當日青藤老子秋澗堂中落筆時固無此段風味矣。雪後旬日，復連晨小雨，二公見過詩境小軒論詩，走筆識此。（《翁方綱題跋手箚集錄》，廣西師範大學出版社 2002，第 350 頁。） 按：乾隆四十一年丙申（1776），陳崇本買得署款明正德丁卯（1507）徐渭還未出生時的偽徐渭書聯。	正德丁卯徐渭尚未出生，出現這樣的問題，說明作偽者對徐渭其人瞭解不多。
1778	吳榮光《辛丑消夏錄》	著錄宋王逸老《千文冊》：紹興己巳歲七月八日，羔羊老人逸老書，時年七十有四。其三、吳榮光跋：李君實云：書道宋末盡有人，至元則頓靡是也。然明人矯元之靡，洊至張弼、祝允明，淋漓痛快。共弊極於廖輔。徐渭猖披散漫則又誰之咎也？冊內有增筆，有	「徐渭猖披散漫則又誰之咎也？」出現這樣的評論價，應該是受到贗品的影響。

		減筆。具俗眼者或致疑焉，然參之篆隸源流無一不合，實草書正法眼藏。難為外人道耳。董思老自言直起直收，吾何敢雲！吾何敢雲！屋漏痕、折釵股、擔夫爭道，與山中黃龍同一妙諦，此冊只山谷五十後書可以並觀。伯榮。（13-866） 按：王昇（1067～1149後），字逸老。汴（今河南開封）人。虞集評：「逸老草書，殊有旭顛轉折變態」但從其流傳書跡看，學米芾較多。	
1782	陳焯《湘管齋寓賞編》	著錄徐文長畫幅《蓮花 石 蕉葉》： 紙本立軸長三尺七寸，闊一尺七寸五分。范莪亭永祺藏。 題款：結得蓮花座一區，太湖石畔待如如。風前生恐榮光損，覆卻油幛二丈餘。青藤道人。（《美術叢書》，第 2774 頁。） 按：範永祺（1727～1795），字鳳頡，號莪亭。是天一閣范欽的裔孫。乾隆五十一年（1786）舉人。	
1783 ？	金瑗《十百齋書畫錄》	著錄徐渭作品八件： 1《枯木竹石圖》（7-527） 2《風鳶圖畫》（7-539） 3《杏林春燕圖》（7-558） 4《墨花卷》（7-666） 5《墨荷》（7-701） 6《墨荷》（7-724） 7《秋容》（7-702） 8 徐渭跋盛懋《秋山行旅途卷》（7-543） 按：所錄署年最晚的是金榜的《臨米書卷》，跋題「癸卯小春記」，為乾隆四十八年（1783），徐邦達係乾隆間。	
1787	姚學經輯《唐宋八大家法書卷》	《唐宋八大家法書》第五卷，唐顏真卿書《多寶塔殘本》項元汴、徐渭、安世鳳跋。第十二卷宋米芾書《廷對》趙孟俯、虞集、沈粲、徐渭跋。（《叢帖目》，第 1579 頁。）	
1789	潘亦雋《潘氏三松堂書畫記》	著錄徐渭作品三件： 1《黃甲傳臚》，題畫詩： 　　兀然有物氣豪粗，莫問年來珠有無。 　　養就孤標人不識，時來黃甲獨傳臚。 （14-244） 2《水仙竹石》，題畫詩： 　　高樓醉酒一千觴，飛燕飛來過粉牆。 　　直要載將帆底去，間渠同醉水雲鄉。	

		青藤老人。（14-244） 3《花果》，原六幀，茲失《睡鳥》、《水鴨》二幀。 另有《柳石》、《葡萄》、《竹》、《菊》。 彭紹升跋：右天池山人畫共六幅，山人寫生如海蜃噓氣樓臺。如麻姑擲米墮地即成丹砂，不思議中天然湧現，初非人力所能到，識者寶諸。乾隆五十四（1789）年孟冬之月。彭紹升題。（14-260） 按：因1789年彭紹升題，故後後兩件出現時間相差不會太久，故並繫於此年。	
1792	乾隆五十七年《紹興府志》	乾隆五十七年《紹興府志》對徐渭的認識： 徐渭，字文長，山陰人。十餘歲仿揚雄《解嘲》作《釋毀》，長師同裏季本。爲諸生，有盛名。總督胡宗憲招致幕府，與歙餘寅、鄞沈明臣同箋書記。宗憲得白鹿，將獻諸朝，令渭草表並他客草，寄所善學士，擇其尤上之。學士以渭表進，世宗大悅，益寵異宗憲，宗憲以是益重渭。督府勢嚴重，將吏莫敢仰視。渭角巾布衣，長揖縱談。幕中有急需，夜深開戟門以待。渭或醉不至，宗憲顧善之。寅、明臣亦頗負崖岸，以侃直見禮。 渭知兵，好奇計，宗憲擒徐海，誘王直，皆預其謀。藉宗憲勢，頗橫。及宗憲下獄，渭懼禍，遂發狂，引巨錐剚耳，深數寸，又以椎碎腎囊，皆不死。已，又擊殺繼妻，論死繫獄，裏人張元忭力救得免。乃游金陵，抵宣、遼，縱觀諸邊厄塞，善李成梁諸子。入京師，主元忭。元忭導以禮法，渭不能從，久之怒而去。後元忭卒，白衣往弔，撫棺慟哭，不告姓名去。 渭天才超軼，詩文絕出倫輩。善草書，工寫花草竹石。嘗自言：「吾書第一，詩次之，文次之，畫又次之。」當嘉靖時，王、李倡七子社，謝榛以布衣被擯。渭憤其以軒冕壓韋布，誓不入二人黨。後二十年，公安袁宏道遊越中，得渭殘帙以示祭酒陶望齡，相與激賞，刻其集行世。（乾隆五十七年《紹興府志》臺灣文成出版社民國六十四年影印，第1314～1315頁。） 按：與萬曆十五年《紹興府志》詳實的介紹不同，《人物志 文苑》由「工行草、眞」簡化爲「善草書」，從沒有繪畫的評價，到「工寫花草竹石」。	乾隆五十七年《紹興府志》沿用了萬曆《紹興府志》的内容，但「去遊燕，無何疾復作，奔還家，廢。」這種消極的論調已經不復存在。 此時徐渭的詩文也被評爲「絕出倫輩」。且「善草書，工寫花草竹石。」徐渭已經被全盤接受。

		乾隆五十七年《紹興府志》還附有編者按:「渭與蕭柱山勉、陳海樵鶴、楊秘圖珂、朱東武公節、沈青霞煉、錢八山桓、柳少明文,及諸龍泉、呂對明稱越中十子。」康熙五十八年《紹興府志》則無此說法。筆者以爲,此前沒有,徐渭去世後近 200 年才第一次出現「越中十子」的說法,當爲後人虛構。	
1793	《石渠寶笈二編》	著錄徐渭作品四件: 1《潑墨十二種》今藏北京故宮博物院。(疑偽) 2《寫生卷》乾隆題畫詩:鯉等八種。(疑偽) 3《梅花蕉葉圖》軸,今藏北京故宮博物院。(疑偽) 4《榴實圖》,今藏臺北故宮博物院。(疑偽) (《四庫全書》本)	
1794	悔堂老人《越中雜識》	徐渭,字文長山陰人。十餘歲,仿揚雄《解嘲》作《釋毀》,人皆傳誦。長爲諸生,有盛名,總督胡宗憲招致幕府,掌書記。宗究得白鹿,將獻諸朝,令渭草表上之,世宗大悅,寵異宗憲,宗憲益重渭。及宗憲下獄,渭懼禍,遂發狂,又擊殺其繼妻,論死,里人張元忭力救得免。乃遊金陵,抵九邊,還入京師主元忭,元忭導以禮法,怒而去。後元忭卒,渭白衣往弔,撫棺慟哭而去。後卒於家,年七十三。渭天才超軼,詩文出倫輩,善草書,工寫花草竹石。後二十年,公安家宏道遊越中,得渭殘幟,以示陶望齡,相與激賞,刻其集行世。(《越中雜識》浙江人民出版社 1983 年版。第 101 頁。)	
1795	陶元藻《越畫見聞》	徐渭,工畫殘菊敗荷,爐瓶彝鼎之屬,皆古質淡雅,別有風致。兼繪山水,則縱橫不拘繩墨,畫人物極其生動。 《青在堂畫說》曰:「文長醉後拈寫字敗筆作拭桐美人,即以筆染兩頰,而丰姿絕代,轉覺世間鉛粉爲垢。此無他,蓋其筆妙也。凡求書、畫者,須值其匱乏時。投以金帛,頃刻立就。若囊錢未空,雖以賄交,終不可得。」 嘗自評云:「吾書第一,詩二,文三,畫四。」余竊謂:「文長筆墨當以畫爲第一,書次之,詩又次之,文居下。其書有縱筆太甚處,未免野狐禪,故易於僞作;至其	由於徐渭的書畫作品眞僞處於混亂狀態,故對其評價自然也會出現新的內容。 野狐禪類僞作數量比較多,陶元藻不能辨,與吳榮光所言都是一種現象。

		畫高超靜遠，雖慧心人猝難摹仿，是以一展卷而真贗了然，學步者無從躲閃。」	
		朱竹垞（彝尊）云：「文長詩學長吉間雜宋元，所謂斐然成章不知所以裁之者，蓋詩與文皆未免繁，不若畫品，小塗大抹，俱高古也。」斯言甚爲確當。文長博學多才，極爲胡宗憲所重。第性誕傲不合於世，故坎壈終身，晚年尤貧窘。嘗畫葡萄云：「筆底明珠無賣處，閒拋閒擲野藤間。」其淪落無聊之感，已情見乎辭矣。家文簡公（陶石簣）言文長：「修偉肥白，音朗然如唳鶴，嘗中夜呼嘯，有群鶴應焉。」餘嘗見其所遺小影，誠豐腴白皙，文長自爲像贊亦復雲然。（10-766）	
		倪元璐（1593～1644年）條下有王香泉云：「吾生平頗愛天池書法脫盡俗塵，及置諸倪公行草之旁，便如小巫見大巫，無坐立處。」余（陶元藻）謂：倪徐二家畫亦然，蓋倪以雄深高渾見魄力，徐以蕭疎古淡見風神，廊廟山林原不容並列，況倪有忠義之氣流露毫端去入自遠。（10-769）	王香泉評徐渭書法：脫盡俗塵。陶元藻評徐薇其繪畫：蕭疎古淡見風神。
1795	沈辰《書畫緣 書宗》	徐渭字文長，初字文清號天池生，山陰人，作行草書精奇偉傑，筆意奔放如其詩，蒼勁中姿媚躍出，在王雅宜、文徵仲之上；不論書法而論書神，誠八法之散聖，字林之俠客也。（10-67）	
1795	沈辰《書畫緣 畫宗》	徐渭字文長，號天池，山陰人。畫山水、人物，及花蟲竹石，皆超逸有致。（10-225）	
1795 後	馮金伯《國朝畫識》	張弨（1625～1694）字力臣，號亟齋，江南山陽人。少有才望，高尚不仕，以賣書畫爲生。真草隸篆均入妙品。花鳥有天池白陽風，與玉峰顧亭林先生交好，同著《廣韻》、《音學五書》傳世。轉錄於《圖繪寶鑒續纂》（10-593）	天池白陽並稱，風格已相混合。
1796	上虞王望霖撰集《天香樓藏帖》	著錄徐渭作品兩件： 1《與柱國禮部書》（疑僞）。 2《煎茶七類》（疑僞）。（《叢帖目》，第555頁。） 按：清嘉慶元年（1796）至九年（1804），絡續摹刻。王望霖跋云：「此文長先生真跡，爲曾祖益齋公所藏，無一點塵濁氣，非凡筆也。」	兩件作品均疑僞。

1796	金棻撰集《清嘯閣藏帖》	著錄徐渭作品兩件： 1《初進白鹿表》（疑偽）（紹興青藤書屋藏拓本） 2《謁孝陵、天壇》（疑偽） （《叢帖目》第528頁。） 按：《清嘯閣藏帖》嘉慶三年（1798）錢塘金棻，陳希濂編次。	
1797後	馮金伯著《國朝畫識》	受徐渭畫風影響的畫家： 　　黃繼祖字弓良，號秋山，……其寫意花鳥在青藤白陽間。畫山水別於古人無所不臨仿，而意味淵懋，氣格渾成，尤近梅花庵主。兼精鑒別，與同裏朱君得天相契，每得一名跡輒互相欣賞摩挲竟日，得天名景星，收藏甚富，善寫墨竹。（10-692）	白陽與青藤並列次數增加。
		郎福延字文臺，號蘇門，烏程人，……寫生得青藤、白陽兩家法，而超縱生辣處，更覺別具旨趣也。（10-706）	寫生得白陽、青藤兩家法。
1797	張廷枚跋《春興詩》冊	張廷枚跋徐渭《春興詩》冊： 　　天池先生自品平生筆墨，以書居第一，識者以為至論，遺跡為四方爭購，近日流傳唯贋本而已，此冊是其暮年老筆，真跡中之佳者，曩時得於越中書賈，近不易觀，宜珍藏之。嘉慶丁巳（1797）春，羅山山人識，時年六十有八。（紹興市博物館藏墨蹟）	以假作真，此真亦假。真假不分，何其亂也。
1797	王宸《繪林伐材》	徐渭字文長，山陰人。畫花草竹石皆超逸有致。曾畫《雪壓梅竹》，題云：「雲間老檜與天齊，滕六寒威一手提。折竹折梅因底事，不留一葉與山溪。」又作《葡萄》云：「筆底明珠無賣處，閒拋閒擲野藤間。」皆自慨其淪落不偶。及老，貧甚，鬻字自給。晚絕穀食十餘歲，謂於導引有得。石簣言：「渭貌修偉肥白，音朗然如唳鶴，常中夜呼嘯，有群鶴應焉。」（9-946） 按：王宸（1720～1797）字子凝，一字紫凝，一作子冰。號蓬心，一作蓬薪，又號蓬樵。晚署老蓬仙、蓬樵老、瀟湘翁、柳東居士、蓮柳居士。自稱蒙叟、玉虎山樵、退官衲子，江蘇太倉人。	
1798	朱逢泰《畫石軒臥遊隨錄》	《畫石軒臥遊隨錄》著錄徐渭作品一件： 　　予避暑五松庵，趙虛白攜徐青藤渭畫卷示予。所畫不過水仙、竹、菊之類，全以墨水潑成，不以鉤枝點蕊為能，真逸品中第一流也。每種各有題句，字跡遒勁，蓋得顏、褚氣骨，因一一識之。	評價徐渭為：逸品中第一流也。

		分別爲：雞冠、菊花、芙蓉、水仙、山茶、萱花、竹。(10-971)	
1799？	方薰《山靜居畫論》，	白石翁蔬果羽毛，得之人法，氣韻深厚，筆力沉著；白陽筆亦超逸，雖以石田爲師法，而能自成奇妙；青藤筆力有餘，刻意入古，未免有放縱處。然三家之外餘子落落矣。 　　點簇花果，石田每用復筆，青藤一筆出之。石田多蘊蓄之致，青藤擅跌蕩之趣。（《叢書集成初編》商務印書館民國二十五年，第18、19頁。）	方薰以爲三家之外餘子落落矣，把沈周、陳淳、徐渭作爲一類，可見徐渭的影響力。
1813	吉園題簽《徐青藤批杜集》	南京圖書館藏《徐青藤批杜集》「吉園題簽」。(陳玉堂編著《中國近現代人物名號大辭典：全編增訂本》，浙江古籍出版社，2005。) 按：楊柴（1787～1862）浙江會稽（今紹興）人，一作江蘇丹徒人，又作丹陽人。初名枝，字戟轅，又字羨門、羨明，號吉園，又號蝶庵、鞋庵道人。嘉慶十八年（1813年）歲貢生。此「吉園」是否爲楊柴待考。姑繫此年。	《徐青藤批杜集》，從「徐渭」手批墨蹟風格看，當疑僞。
1813	（傳）王紱著《書畫傳習錄》	徐渭，字文長，山陰人……渭知兵，好奇計。督府勢嚴重，將吏莫敢仰視，渭角巾布衣長揖縱談，以侃直見禮。及宗憲下獄，渭懼禍，遂發狂，幾陷於死。渭天才超軼，自號青藤道人，詩文絕出倫輩。善草書、工寫花草竹石，嘗自言：「吾書第一，詩次之，文次之，畫又次之。」(3-293) 按：此書約1813年刊行。	
1813	陶梁《紅豆樹館書畫記》	《紅豆樹館書畫記》著錄與徐渭相關作品： 1 徐天池原跋：明大滌子《桃源圖》天池老人題。（疑僞） 案：詩歌爲清楊維平《桃源》詩：柴桑便是義皇世，智慧相忘息眾喧。能使此心無魏晉，寰中處處是桃源。 2 國朝方蘭士《合景小冊》第七頁，墨寫殘菊襯以拳石，絕類天池山人。 有癸酉（1813）秋，曹水貞題跋。 道光戊子（1828）廷瑚題跋。(12-821)	
1816	《石渠寶笈三編》	著錄徐渭作品一件： 臺北故宮博物院藏行草杜甫《秋興八首》冊（疑僞）。 按：《石渠寶笈》三編著錄。書成書於嘉慶二十一（1816）年。	

1817	姜怡亭《國朝畫傳編韻》	陸湄，字抗雲，號梅渡。里居未詳。工花卉，余所藏《墨荷》一幅筆意滄逸，在沈仕、徐渭之間。（10-941）	在沈仕、徐渭之間。
		呂星垣，字叔訥，武進縣廩生，官新陽訓導，錢文敏之甥也，工花草，法徐天池。（10-918）	法徐天池。
		按：《國朝畫傳編韻》成於嘉慶二十二年（1817）。	
1818	金恭《玉尺樓畫說》	八大山人畫梅用焦墨，餘愛之慕之，卒未仿其一筆。徐文長畫雪竹，純寫竹意，餘又愛之慕之，每仿其意寫雪梅。蓋八大才大於身，筆能摜鼎，出自天成，未可學步。文長一身倔強，卒多數奇似吾輩。故吾輩筆墨間亦能得其彷彿。因為詩曰：「梅花八大何能學，一丈花藏十丈光。此幅贈君深雪裏，撐持凍骨學文長。」	徐文長畫雪竹，純寫竹意，餘又愛之慕之，每仿其意寫雪梅。
		徐文長粉筆畫松，朱白民朱筆劃竹。近時錢擇石侍郎於試院以藍筆劃梅，三者俱戲為之，亦獨創一格。甲戌餘傚之為合景與友人饋歲，偶係詩曰：「魚肉年盤擔往來，丹青畫貨沒錢財。饋君自笑難隨俗，呵凍寫成松竹梅。」（10-995）	徐文長粉筆畫松。
		按：《玉尺樓畫說》有嘉慶二十三年自敘。	
1819	郟掄達《虞山畫志》	薛素素，字素卿，能畫蘭竹，善寫黃庭經小楷，……素卿寫意牡丹近徐文長派，記其題句云：「三春花事獨爭雄，補綴人間錦繡叢。最好眼前常富貴，粗粗寫入畫圖中。」寄意深遠，掃盡俗態。（10-1036）	寫意牡丹近徐文長派。
1820年	邵梅臣《畫耕偶錄》	為楊雨田浙生畫冊頁題並跋： 沈春蘿云：畫之繁簡在筆墨不在境界。北宋人千丘萬壑無筆不簡，元人一枝一葉無筆不繁。今人以境界論繁簡，則學語小兒能辨之矣。徐文長論畫云：曠若無天，密若無地。若以境界論可謂繁極矣，不知煙霞四五筆，霜柯兩三枝，不善簡者意味索然，仍不得謂之簡也。（11-942）	只言青藤，不言白陽。
		為王菊坡畫荷葉跋： 畫荷花難，荷葉亦然。大則如芭蕉，小則如白菜，墨濃損趣，墨淡無神，此中妙理惟青藤老人知之。（11-944）	此中妙理惟青藤老人知之。
		為陳子言畫大寫山水： 作畫得形易得神難，寫意得神更難，青藤老人嘗言：學之二十年見白紙尚不敢著墨，其難可知矣。餘學此亦幾三十年，	

		每一握筆，如書生騎馬，惟恐墮地，以青藤天才較之，無怪其然。今後生初學弄筆，研朱弄粉，不知繪事爲何事，輒詡詡自負，欲爲人師，豈眞天資才力過人耶？亦太不知分量矣。記客滇中時有句云：「黑雲如墨一重重，何處蓮花十丈峰」，有所爲而言也。（11-955）	
		爲譚季祥作《蝸舍圖》跋： 余既用唐人法爲季祥作前蝸舍圖，復仿青藤老人意寫此，亦云林後青蘆居圖意也。（11-966）	復仿青藤老人意寫此。
		爲富裕餘山先生畫《荷花》四幅題並跋： 唐人作墨畫花卉既無粉脂藏拙，落筆不能改易。青藤老人目空一世尚言學之二十年見白紙尚不敢著墨，其難可知矣。近惟八大山人天分本高，才氣亦大，戛戛獨造，生面別開，二百年來誰得其皮與其骨耶！（11-991）	青藤老人目空一世尚言學之二十年見白紙尚不敢著墨，其難可知矣。
		爲吳河槎畫大寫《人物》跋： 大寫人物自古爲難，其所以難者，以一筆抵人十百筆也。南宋至今名家絕少。青藤老人雖有兼長而議者言其落筆近怪。國初惟八大山人天分才氣超絕等倫筆酣暢而有法，墨淋漓以得神，二百年來誰其繼響！（11-991）	青藤老人雖有兼長而議者言其落筆近怪。
1821前後	沈啓溶《鳴野山房書畫記》	著錄徐渭作品八件： 1 《煎茶七類卷》 2 《白燕詩四首大幅》 3 《封大夫王翁七十壽序冊》 4 《修景賢祠小簡》 5 《自書詩墨蹟》 6 《李白詩冊墨蹟》 7 《蜀道難書卷》 8 《大士圖》軸 按：沈啓溶《鳴野山房書畫記》南京圖書館藏手稿本，轉引自徐崙《徐文長》，上海人民出版社1962，第238頁。	
1824	馮津《歷代畫家姓氏便覽》	徐渭字文長號天池，山陰人。天資敏穎，立就千言。善小楷行草，不下祝枝山之奇奇怪怪也，山水人物、花果魚蟹，點鉤兩三筆自與凡俗不同，其落款往往作田水月。（11-8）	山水、人物、花果、魚蟹，無所不能，顯示徐渭無所不能的繪畫功力，與歷史的眞是狀況不符。

1824	吳修《青霞館論畫絕句》	徐文長《紙鳶圖卷》自題:「高高山上鷂兒飛,山下都是刺棠梨。只顧鷂飛不顧腳,踏上棠梨才得知。」卷中詩也。（《美術叢書》,第1061頁。）	
1828	俞蛟撰《讀畫閒評》	許蘭谷許鏞,字蘭谷,與余同里閈。……摹青藤書畫能亂真。性嗜酒,家貧不能常得。時有李某者開質庫,凡持古書畫往者,靡弗納。蘭谷恆以舊紙尺幅,迅掃面成,宛然青藤道人。（14-730）	迅掃面成,宛然青藤道人。
1828	謝蘭生《題徐渭草書卷》	天池書畫,市上贗本甚（題跋墨蹟為「最」）多,書尤鄙俗可厭。予往往一見斥去。竊疑享大名者,不應至是。及閱真本,縱筆寫去（題跋墨蹟無「去」字）,粗頭亂服,亦有雲鶴遊天、群鴻戲海之妙,此卷（題跋墨蹟無「此卷」）筆氣奇逸,草章一幅,尤駸駸入古。天池嘗云:吾書第一,次詩,次文,次畫,今觀此卷,益信。戊子一月廿七日燈下,裹甫謝蘭生題。（謝蘭生題徐渭《草書卷》現藏香港藝術館）	「天池書畫,市上贗本甚多。」這種認識,幾乎是人所共知是事實。
1828	張大鏞《自怡悅齋書畫錄》	張大鏞題楊晉《矕面墨蘭》:君子得高位氣象如此,戊子（1828）立秋後二日戲摘青藤句。鶴亭長兄先生一笑。楊晉。（11-609）	
1830	謝希曾《契蘭堂所見書畫》	文長雜技頗妙,花卉與白陽相埒,二人畫總嫌草率。（11-801）	文長、白陽風格相混為:草率。
1830	魯駿《宋元以來畫人姓氏錄》	朱履端字端叔,號濬谷,桐鄉人。乾隆壬戌（1742）進士（一作嘉慶七年）。官（至兵部）主事。工詩文、詞曲。善畫,近徐青藤。《兩浙輶軒錄》（13-459）	善畫,近徐青藤。
		孫志皋字石林,號石道者,杭之庠生。畫類白陽、天池兩家。《杭州志》（13-508）	畫類白陽、天池兩家。
		沈學,字會宇,會稽人。能畫人物花鳥,尤善寫真。徐天池詩中稱沈樵仙是也。（余嘗見《天池小影》一幅,筆甚工細。乃會宇所繪,其印刻「採樵仙子」四字。）《越畫見聞》（13-721）	
1832	張大鏞《自怡悅齋書畫錄》	張大鏞題宋比玉《二喬圖》:「花是揚州種,瓶是汝州窯。注以江東水,春風鎖二喬。」曾見徐文長畫此於曝城沈家,餘喜之,亦嘗為雨若寫便面,雨若隨手失去,因屬再圖並書文長原詩。時天啟二年（1622）小滿日。宋穀識。款在上方。水紋長瓶一,中供墨芍藥二枝,頗無俗韻。（11-470）	

		張大鏞《題先長齡公畫扇卷（扇面共八）》，題曰：……前朝圖仕女，徐渭暨唐寅。遊戲趁姿媚，展玩尤娛賓。……戊戌（1838）長至後十有五日，偶於篋中檢得先高祖長齡公畫扇敬志數語並書。四世孫敦培。（11-521）	
1836	陶梁《紅豆樹館書畫記》	著錄徐渭作品兩件 1 徐文長《水墨牡丹梅花》 　　陶梁自題：破筆作牡丹梅花，插百坺碎瓶中，二花開不同，時天機迅發，位置、尺幅中亦摩詰《雪裏芭蕉》之意，題句奇崛，尤覺出人意表，謝信齋家藏。（12-836） 按：另見本表1849年方廷瑚、查揆跋《徐文長水墨牡丹梅花》。 2 徐青藤題大滌子《桃源圖》（自注俟考，疑僞）（12-836）	
1839	胡積堂《筆嘯軒書畫錄》	著錄徐渭作品一件 　　徐青藤《水墨梅竹》嘉靖丙辰（1566）秋月，天池青藤畫。（14－276）	
1841	吳榮光《辛丑銷夏記》	吳榮光（1773～1843）	
1845	梁章鉅《退菴金石書畫跋》	徐文長《松軸》徐渭自跋云：癸丑嘉平月六兄與兩侄南歸，餘將北發拜別胥江不堪離思寫此井題益增悵惘耳。徐渭弟拜手。 　　原案：徐文長……此癸丑爲嘉靖三十二（1553）年，是其三十三歲所作。文長又字文清又號天池，又自稱青藤山人，其書畫署款間作田水月。 　　嘗言：吾書第一，詩二，文三，畫四。識者許之。然餘獨謂其畫有奇氣而不怪，尚在其詩文書之上也。中年嘗佐胡宗憲幕府，知兵、好奇計，擒徐海誘王直皆與其謀，亦勝朝末一奇士，其筆墨洵足珍矣。（9-1093）	三十三歲所作《松軸》應該疑僞。
1847前	殷樹柏藏《魚雁帖》	殷樹柏藏徐渭《魚雁帖》（眞跡） 按：殷樹柏（1769～1847）藏，見於1998年嘉德春季拍品《魚雁帖》拍賣會。	
1848	潘正煒《聽颿樓法帖》	《徐渭寶劍七律》（第五冊明人書扇及尺牘）（叢帖目p800）	
1848	潘正煒《聽颿樓書畫記》	著錄徐渭作品四件 1 明徐青藤《詩卷》（價格十兩）（11-831） 2 明徐青藤《墨荷軸》（價格七兩）（11-832） 3《集明人花鳥扇冊》第八幅，徐青藤《梅	

		竹》11-858 4《集明人行草扇冊》第十二幅爲徐青藤草書《弔蘇小小詩》（11-863）	
1849	潘正煒《聽帆樓續刻書畫記》	《徐青藤花果卷》（11-917）	
1849	陶梁《紅豆樹館書畫記》	《紅豆樹館書畫記》著錄徐渭畫及方廷瑚等跋： 　　方廷瑚跋：右青藤《水墨牡丹梅花》立軸，謝君信齋所藏。反覆展玩，竊歎命意奇異，運筆古秀，胸中權奇兀臬抱負不凡之致，悉於題句中寓之。信齋收藏名畫極多，惟於青藤筆墨則珍惜愛護過於他幅，蓋過去生中當必有一重翰墨緣者。青藤去今幾三百年，片楮流傳海宇珍重，茲於鄉邦復得知己者二：一爲信齋；一爲山陰十峰陳子。信齋愛敬名賢而不得見藏其畫如展容儀焉；十峰茸青藤書屋供奉栗主，歲時勿懈，登其堂如親謦欬焉。昔鄭板橋大令戲枡小印附於青藤門下，有欣慕執鞭之意，而言涉詼諧，豈若十峰之能衛其居，綿其祀，與信齋之隨在寶其遺墨者，爲眞能愛敬鄉先生者耶。道光乙酉（1849）季夏，石門方廷瑚跋。 　　查揆跋：汝州窯勝官與哥，頻伽瓶餉春風多。輭紅歐碧自驕貴，萬花俯首遑知他。畫師畫意不畫似，旁著寒香自壓紙。嚴光光武妙比擬，奇詭眞令俗工死。花光月影夜向晨，故人共臥驚星辰。懷仁輔義道盛美，典謨之外無其倫。作者磅礴何胸臆，故紙摩挲生歎息。當時魚水誰最賢，相嵩染翰朝箋天。先生捉刀進《白鹿》，放筆淋漓擲筆哭。別將此本寫瑰奇，徐黃區區不中僕。釣臺高出梅花梢，不與二十八將爭秋毫。羊裘老子好骨□，風雪中見許與巢。顛倒應遭造物怒，毀譽紛紛何足數。但使牡丹開早梅開遲，人間究有相逢時。海審查揆題。（12-836）	青藤鄉邦得知己者二。
1850	楊翰《歸石軒畫談》	楊翰《歸石軒畫談》轉錄《越畫見聞》內容，並對徐渭繪畫作跋： 　　陶篁村先生《越畫見聞》載徐青藤畫最詳。文長嘗自評曰：「吾書第一、詩二、文三、畫四。」餘竊謂：「青藤筆墨當以畫爲第一，書次之，詩又次之，文居下。其書有縱筆太甚處，故易於作僞。至其畫則高超靜遠，雖慧心人猝難摹仿，一展卷而眞僞了然。」朱竹垞云：「文長詩學長	陶元藻《越畫見聞》內容常被後人轉引，可見其影響。

吉，間雜宋元派詩，與文皆未免繁蕪，不
若畫品，大小塗抹俱高古也，斯言最為確
當。青藤博學多才，性誕傲不合於世，故
坎壈終身，晚年尤貧窘。嘗畫《蒲萄》題
句云：「筆底明珠無賣處，閒拋閒擲野藤
間。」其淪落無聊之盛可見矣。息柯嘗見
其所作殘菊敗荷、爐瓶彝鼎之屬，皆古質
談雅，別有風趣。山水則縱橫不拘繩墨，
人物極其生動，純任天真，並無一定師
法，而非學者所能彷彿。蓋胸中瀟灑縱橫
一寄於畫，非以畫為畫者也。（12-94）

楊翰題跋（八種）：

1 題卓鶴溪藏《徐渭冊》：卓鶴溪藏一冊最
為超妙，幅幅著墨無多，一空畫師習氣。
（12-94）

2 題昆明何氏藏徐渭《墨琵琶》：昆明何氏
藏《墨琵琶》一幅，枝幹葉實皆濃墨圓厚
無匹，所見畫琵琶者無出其右。（12-94）

3 題家竹生藏徐渭《墨菊》絹本小幅：家竹
生藏《墨菊》絹本小幅，自題云：「身世渾
如拍海舟，閉門累月不梳頭。東籬粉蝶閒
來往，看寫黃花過一秋。」詩既清超，書
尤飄逸。《江村書畫錄》載此畫，似別是一
本，乃的筆也。（12-94）

4 題李季眉藏徐渭《瓶蘭卷》：又見李季眉
藏一卷，畫瓶蘭而瓶側水覆蘭，顛倒狼藉，
滿紙題語多所感慨，知別有寄意處。
（12-94）

5 題徐渭《山水》長條：餘己巳在京得《山
水》一長條，自題云：「小閣水澄澄，閒披
玉檢經。煙霞一抹盡，金碧萬山橫。青藤
道人徐渭。」市賈不甚經意，人多忽之，
其用筆之超脫非青藤不能也。（12-95）

6 題白蘭嵒《自書詩卷》：白蘭嵒酷好青藤
筆墨，在長沙得其自書詩卷筆筆謹嚴，雖
飄灑磊落，而無一筆入野狐禪，知前人之
論未確也。會稽章重輯《青藤集》，卷中詩
未載者二十一首，余屬蘭嵒補入全集中亦
一大快事。餘跋尾甚詳，載息柯雜著。
（12-95）

7 跋釋篆衫畫冊：先大人在京得釋篆衫畫冊
筆墨超妙，餘童年好畫深玩味之，後閱《墨
香居畫識》，載篆衫 揚州老衲，善花卉寥
寥數語。觀其氣韻，直入青藤、白陽之室。
所圖垂楊、枇杷、牡丹蘭菊尤脫化入神，
書亦瀟灑有致。篆衫 別號墨溪道人，所用

		印有「大翼」二字當是僧名。（12-172） 8 跋謝信齋藏石濤畫《琴隱圖》：謝信齋藏石濤畫《琴隱圖》，款署清湘。字漫滅僅存「青」字，俗人不知補作「青藤」。款題者滿紙長篇短什皆言徐青藤。此畫望而知爲石濤，觀畫不知畫理，徒震虛名眞可笑也。余在保陽時賦詩正之，即與信齋話別。信翁後歸山陰旋遭寇禍。借哉。（12-169）	
1852	龐元濟《虛齋名畫錄》	《虛齋名畫錄》收錄 1852 年湯雨生、潘曾瑩跋《明徐青藤畫冊》三十六幀。 紙籤一：青藤墨寶，吳墨井藏。 紙籤二：天池山人眞跡。 跋紙一：高七寸六分，闊九寸六分。 　此冊開視心目爲快，家人在旁亦復齊聲拍手嘖嘖稱妙。豈阿哉？趣勝耳。筆勢飄舉矣卻善控馭。墨氣淋漓矣卻不澡漏。至其才情之雄闊，意境之變化，又能一氣鼓鑄而萬有牢籠，眞腕有造化者。開拓心胸，推倒豪傑，可爲田水月贈。井東居士戴熙題。（12-542） 跋紙二：高九寸四分，闊一尺二寸四分。 （1）奇情古趣，一羽一枝皆成珍秘，萃此總冊豈非巨觀。天池能事盡於是矣。何紹基觀於寧蘭山館。 （2）青藤畫筆眞絕奇，人所不畫我畫之。傖父紛紛直取鬧，大書青藤名敢盜。世無賞者此輩窮，豈知眞跡歸吳公。咸豐壬子（1852）六月十一日。湯雨生揮汗題於白門琴隱園。（12-542） 跋紙三：高九寸四分，闊一尺二寸一分。 　予見青藤墨蹟甚夥，眞贋各半，眞者縱橫跌宕仍復思精法密，非尋常模仿家所能夢見。是冊元氣淋漓，墨采煥發，包羅萬象，自成一家，不獨庸史無從臨摹，即使青藤自臨，亦不能若斯之神妙不測也。「文章本天成，妙手偶得之」，不信然與？船庵夜坐滌硯題此。時月上窗櫺，梅影如畫，眞覺清韻逼人矣！星齋潘曾瑩識。（12-542） 按：跋紙四見後 1872 年龐元濟《虛齋名畫錄》，跋紙五見後 1871 年龐元濟《虛齋名畫錄》。何紹基（1799～1873），道光十六年（1836）進士。戴熙（1801～1860）字醇士，號鹿床、榆庵、松屏、蓴溪、井東居士等，浙江錢塘（今杭州）人。	湯雨生跋曰：「傖父紛紛直取鬧，大書青藤名敢盜。」 　潘曾瑩識：「予見青藤墨蹟甚夥，眞贋各半。」 　這一紀錄充分說明當時徐渭贋品已經非常多。筆者考他們所見「眞跡」也是贋品，說明他們受贋品干擾，已經分不清眞偽。

1853	蔣寶齡《墨林今話》	李方膺：通州李晴江方膺，……善松竹梅蘭及諸小品，縱橫跌宕，意在青藤、白石之間，而尤長於梅作大幅。（12-946）	青藤、白石之間。
		高鳳翰：膠州高西園鳳翰號南阜。……花卉尤其奇逸得天趣，余曾於虞山得其墨筆蕉菊一幀，極似徐青藤。（12-946）	極似徐青藤。
		鄭板橋：板橋道人鄭燮，興化人。詩詞書畫皆曠世獨立，自成一家。其視古人亦罕所心服，惟徐青藤筆墨真趣橫逸，不得不俯首耳。道人蘭竹之妙，張瓜田論之已詳，其餘隨意所寫花卉雜品，天資奇縱，亦非凡手所能，正與青藤相似。（12-946）	惟徐青藤筆墨真趣橫逸，不得不俯首耳。
		陸筱：仁和陸筱飲飛，字起潛，乾隆乙酉解元，畫人物山水花卉俱超雋軼群，亦善畫竹，……筱飲大幅用墨濕厚，亦極似石田翁。余曾得其寫意《荷花》一幀，襯以墨竹，畫在青藤、石濤之間，真神品也。上有五絕云：「畫荷須畫香，畫竹須畫節，湘娥與宓妃，相對兩清絕。」（12-966）	青藤、石濤之間。
		宋藹若：長洲宋藹若觀察思仁，字汝和，軼才中丞子，工詩善山水花木尤長畫蘭，……余曾見觀察寫意蔬果，以荒率勝人，其品在白陽、青藤之間，著有《有方詩鈔》。（12-969）	其品在白陽、青藤之間。
		鐵舟：釋可韻號鐵舟，又號木石山人，故江夏名家子，善鼓琴，工書法，尤擅寫竹石花卉，渡江而東，名噪吳越。自巨室富商，以至酒樓伎館，靡不乞其筆墨。……公書法近蘇米，爛然天真，意趣自作。水墨花卉似徐青藤，論者謂非深於臨池不能也。間作倪黃山水，蕭寥荒率，亦有畫外遠致。（12-980）	水墨花卉似徐青藤。
		朱椒堂：平湖朱椒堂為弼，字右甫，嘉慶乙丑進士，……寫意花卉涉筆便古，雖學青藤、白陽，而書卷之氣盎然溢於楮墨。（12-1000）	學青藤、白陽。
		鐵云：鐵雲名位，字立人，大興人，生於吳門。乾隆戊申舉人，……鐵云詩奇博創獲，橫絕一世。精音律、善書，各體皆工。兼明畫理，山水、花鳥、人物、草蟲俱師青藤老人，有奇氣。（12-1005）	師青藤老人。
		翟中溶：翟木夫中溶，……嘉定人……居士篆隸悉有法，行楷學六朝人，晚年隨手塗抹彌得天趣。畫善花草，師摩厓山人而參以己意，脫略簡老在白石、青藤間。（12-1007）	在白石、青藤間。

		張詩齡：張詩齡廉訪祥河字元卿，婁縣人，……嘉慶二十四年，仁廟六旬萬壽，君進《庚辰萬紀圖詩畫冊》，蒙恩賞收置蓬島瑤臺，蓋其山水得明代文氏法，而花卉寫意力追白陽、青藤。通籍後畫名著公卿間，皆欲得其一幀為几席之韻，當塗黃左田尚書予告歸以書萬卷先行，君為寫《餞書圖》，尚書稱其得五峰意。（12-1038）	花卉寫意力追白陽、青藤。
		沈敘軒：歸安沈敘軒觀察惇彝，字積躬，……寫墨花得徐青藤蕭疏之致，尤精墨蘭，有陳古白風。（12-1044）	寫墨花得徐青藤蕭疏之致。
		朱菊詫：上元朱菊詫齡，號黃花道人，古致歷落，形如獼猴，寫花卉翎毛魄力兼勝，師徐青藤而有石濤和尚逸韻，偶作山水古木槎枒，得藍田叔蒼古之趣……一日醉後興到，繪清奇古怪四柏樹於殿之四壁，頃刻而成，如龍蛇捉不住，往來觀者無不歎賞。歌樓伎館往往闌入所作得意筆亦輒與之，其風趣可想。（12-1056）	師徐青藤而有石濤和尚逸韻。
1855	清徐榮《懷古田舍梅統》	徐渭字文清，更字文長，山陰人。花草竹石皆超逸有致。《袁中郎集》（14-645）	
1861前	梁廷楠《藤花亭書畫跋》	著錄徐渭作品二件　1《鄧廬山（文明）草書紅絲硯歌冊跋》：研出青州，……書用偏鋒頗似米老之有意作怪者，天池生或能之。（11-1029）　2《徐天池六牘冊》紙本十頁，頁自為長短（11-1030）　梁廷楠跋：天池行草號奇偉，推其好奇之量則行間用詐，可與言兵，亦可以成功，如當日計擒徐海誘王直，皆好奇之效也，至奇而流於狂，則足招時忌，往往所值不偶。即文字亦多詭秘不可對人之語頭藏尾露，磊落而不見光明，亦有所不得已也。	
1871	龐元濟《虛齋名畫錄》	著錄徐渭作品一件　1871年沈秉成跋《明徐青藤畫冊三十六幀》（疑偽）。　跋紙五：高九寸三分，闊一尺二寸。　（1）奇哉造物無不有，化工獨出青藤手。　　青藤作畫能通神，筆鋒鬱律蛟螭走。　　渲紅染碧全不用，墨汁淋漓噴數鬥。　　淺深濃淡各有態，無乃煙雲生腕肘。　　紙長徑尺卅六幅，一讀一回開笑口。　　秋毫不足比神妙。五指儼作獅子吼。	《徐青藤畫冊三十六幀》，出現時間較晚，書法風格與本真風格相去更遠。但歌詠生動，對徐渭畫風的特色及其影響的表述亦自有見地。

		想見當年灑翰時，磅礴解衣酣縱酒。 《白鹿》文成轉自傷，青蠅謗起誰爲剖。 平生奇氣不可遏，寄託丹青十有九。 三百年來無此作，如登泰岳小培樓。 漫雲法脈少眞傳，落落數人踵其後。 苦瓜和尚大滌子，老蓮先生陳洪綬。 復有板橋鄭道人。願在門前作走狗。 同治辛未（1871）孟夏之月，歸安沈秉成題。 （2）仲復夫子自退樓老人處假此冊歸屬摹之。久病不能搦管今夏臨得二十頁歸之。自笑腕弱，貌似且難，況神似乎。不櫛書生沈岩永華敬識。（12-543） 跋紙一、二、三見本表前 1852 年龐元濟《虛齋名畫錄》，跋紙四見本表後 1872 年龐元濟《虛齋名畫錄》。	
1871	李佐賢《書畫鑒影》	著錄徐渭作品三件 　　1《葡萄軸》（眞跡）紙本，高七尺二寸，寬二尺九寸。墨筆寫意，老幹橫出，雙枝下垂，穗穗團圓，驅墨如雲，運筆如風，想見作畫時解衣磅礴之概。題在左上。 　　（李佐賢《書畫鑒影》卷二十一，第二十五頁。《續修四庫全書》第 1086 冊，第 128 頁。） 按：《墨葡萄》軸，今藏北京故宮博物院。《書畫鑒影》著錄時把「半生」誤作「白頭」。「無處賣」誤記爲「沒處賣」。不知是何原因？ 　　2 卷十四《明人墨翰集冊》第十二開共四幅箚。第十三開一幅箚。 　　3 卷十五《明人扇面集冊》錄一件，題曰：「天啓戊午秋九月，天池山人渭（草書三行）。 　　按：「天啓戊午」扇面與沈仕行書爲對幅，查年歷，天啓（1621～1627）無戊午，萬曆四十六年（1618）爲戊午，因此疑僞。李佐賢《書畫鑒影》有同治十年（1871）自序。	故博《墨葡萄》與南博《雜花圖》均見於他的著錄，以精見稱，然亦雜有僞品，說明僞品之中有精者。
1871？	袁樊編著《明代名人墨寶》	《明代名人墨寶》收選錄徐渭《與應雲書》（眞跡）（《叢帖目》，第 1011 頁。） 按：徐渭《與應雲書》今藏故宮博物院。	獄中書。

1871	楊峴《遲鴻軒所見書畫錄》	朱齡（1821～1850），字菊姹，自號黃華道人，江蘇上元人，花鳥宗青藤，山水法石濤，人物近六如。余藏有芙蓉鷺鷥大幀，儼似有幅新羅也。（12-15）	花鳥宗青藤，山水法石濤，人物近六如。
		張祥河（1785～1862）字元卿，號詩齡，一號鶴在，又號法華山人，張照從孫……書變家法，花木得改琦傳，後宗青藤、白陽，山水師待詔粗筆，工詩古文。（12-31）	後宗青藤白陽。
		周棠（1806～1876）。字召伯，一字少白號蘭西。浙江山陰人畫家。官光祿寺署正，山水花木師白陽、青藤。（12-46）	山水花木師青藤、白陽。
		宋霖字六雨，江蘇通州人。廩貢生，官淮南訓導，山水花卉皆有奇致，鐵保極重之。高懿伯戎部藏有墨花卉冊頗近徐天池。（12-55）	
		勵宗萬（1705～1759）字滋大，號衣園，……與張照齊名。時稱「南張北勵」。沈西坪處士藏有奉敕畫設色《五清圖》大橫幅，似青藤而較工致，楷書名款一行。（12-57）	《五清圖》似青藤而較工致。
		嶽瑞（1671～1704）字正子，號兼山，又號玉池生、紅蘭主人。……張朗山大理藏有墨筆芝蘭立幀意似徐天池，詒晉齋題二十八字名款共六行。（12-66）	意似徐天池。
		按：余紹宋《書畫書錄解題》卷一著錄《遲鴻軒所見書畫錄》，認為此書與李玉棻所撰《甌鉢羅室書畫過目考》編法不同，而細審其內容，則不惟人數相同，乃至文字無一字不同。兩君皆同光時人，究不知出於誰氏，其中必有一焉。出於剽竊則可斷言。或曰出於書賈偽託。見《中國畫學著作考錄》。	
1872	金鳳清撰《桐園臥遊錄》（轉引自吳闢疆《書畫書錄解題補》）	著錄徐渭作品《徐天池寫意卷》。 《桐園臥遊錄》一卷，清金鳳清撰同治壬申家刊本與《畫緣錄》所記大致相同，惟略敘時代，又不記印文，乃其所異。所紀書畫凡六十二件，而其中經《畫緣錄》記錄者迨廿八件：……徐天池寫意卷……。前後有自敘自跋。（14-739）	
1872	龐元濟《虛齋名畫錄》	1872 張之萬跋《明徐青藤畫冊》：跋紙四：尺寸同上（跋紙三）。青藤畫餘見凡三本。一為李小湖前輩所藏。一為方子篋前輩所藏。小湖本字頗工，	張之萬評曰：「國朝畫手如八大山人、清湘老人猶恐不及，何論餘子。」

		而畫最草草，似非其經意筆。子箴本匆匆一觀，時復陰雨未得審視。惟此本借觀最久反覆展玩愈久而愈歎其妙。豪放之筆縱逸之氣千巖萬壑揮灑而成。名士美人情態如見。一獸一禽、一蟲一魚、一花一草，落落數筆，惟妙惟肖，神乎技矣。自是身有仙骨，世人固無從得金丹也。國朝畫手如八大山人、清湘老人猶恐不及，何論餘子。因識數語不勝欣幸。欲借子箴本與此一校優劣，乃子箴秘惜過甚，竟不獲借，亦可惜也。平齋兄處尚有青藤直幅，亦其得意作，收藏之富，賞鑒之精，佩服！佩服！時同治壬申（1872）初夏。子青張之萬書於拙政園遠香堂。（12-540） 按：跋紙一、二、三見本表前 1852 年龐元濟《虛齋名畫錄》 跋紙五見前 1871 年龐元濟《虛齋名畫錄》。	
1874	李若昌《盼雲軒鑒定真跡》	著錄徐渭《拂拂香風七絕》。（《叢帖目》第833頁。）	
1875	方濬頤《夢園書畫錄》	著錄徐渭作品三件 1 徐文長《墨筆富貴神仙圖》立幅，下鈐「何印瑗玉」，曾藏何蓬盦處。款缺三字，「春」字誤書「葉」字。（12-269） 2 徐文長《蕉竹立軸》下鈐「郁蘭堂珍賞」一印。（12-269） 3《徐文長畫冊》紙本，今尺高八寸餘，闊一尺一寸三分。 冊係推篷式自記本，八十開今只存其半。純用墨筆，山水、花木、人物無不悉臻化境，青藤真跡固不易得。況此巨冊尤所罕覯，失去其半，倘他日能延平劍合，更為快事。 　首頁，柴門竹籬茅屋中一幾一榻，屋外桃花數株，一客獨立門前，遠山抹雲，極蒼莽之致。右鈐宋牧仲審定書畫印。墨井二字。漫堂心賞。宋犖所得神品四印。 　紙窗屋矮似僧龕，春去春來總不堪。忽見桃花紅映面，一時回首望江南。天池山人畫並題。 　二頁，…… 　四十頁，孤雁唳霜寒駝齧月，一人臥旃廬中，但露半面寫塞外風景如讀《敕勒歌》。上鈐「宋牧仲審定書畫印」、「漫堂心賞」、「宋犖所得神品」、「墨井」二字等印。 　另有徐渭自題：	《徐文長畫冊》八十開今只存其半，另半見 1832 張大鏞《自怡悅齋書畫錄》及《虛齋名畫錄》著錄之《明徐青藤畫冊三十六幀》。

		沈君文泉，博雅之士也。善寫山水，與余有舊好，長以佳作見貽，皆超詣絕塵。一日出桃花紙八十頁求寫墨妙。僕厭倦作畫久矣，勉於酒醉飯飽後，隨手所至，出自家意，其韻度雖不能盡合古法，然一種山野之氣不速自至，亦一樂也。未識方家以爲何如？徐渭記。（12-269～272）	
1881	葛金烺、葛嗣泥澎著《愛日吟廬書畫錄》	作品《墨古藤軸》，紙本，高三尺四寸四分，闊一尺一寸二分。「青藤道人」印二、「徐渭之印」白文方印、「文長」朱文方印。 文長高才被黜，狂放不羈。詩文書畫，無所不工。惟不耐刻畫，純以氣勢驅遣急就。畫一端，論亦不作第二人想。然激蕩排闔，亦是中節，此其不可及處。閒嘗爲古人作自己小像，寫園林作自己山齋。筆墨遊戲，無所不可。此古藤一株，殆亦爲庭前樹寫照歟，潑墨淋漓中畫境也。 （《愛日吟廬書畫錄》卷二，第十三頁。《續修四庫全書》第 1088 冊）	文長高才被黜，狂放不羈。詩文書畫，無所不工。
1881	杜瑞聯《古芬閣書畫記》	著錄徐渭作品《螃蟹》立幅，紙本，今尺高一尺九寸，寬一尺二寸，水墨寫意。螃蟹凡八，蘆葦交縈幅左之首：夜來賓主話，秋蟹稻花肥。飽食無錢買，曾將畫挽歸。萬曆丁亥小春畫於時雨書屋。天池草書六行。押尾「文長氏」陽文方印。（中國歷代書畫藝術論著叢編 26《古芬閣書畫記》卷十六，第三十頁。出版社，中國大百科全書出版社 1997，第 603 頁。）	
1882	顧文彬《過雲樓書畫記》	著錄徐渭作品《墨花卷》（《過雲樓書畫記》卷五，第十頁。蘇州顧氏家刊影印本。） 按：《墨花卷》（疑僞）今藏上海博物館。	
1885	楊恩壽《眼福編初集》	著錄徐渭作品《螃蟹》立幅（《眼福編初集》卷十二，第三頁。中國歷代書畫藝術論著叢編 5《眼福編初集》中國大百科全書出版社 1997，第 598 頁。） 按：本跋即杜瑞聯《古芬閣書畫記》所記《螃蟹》立幅之跋。	
1892	陸心源《穰梨館過眼錄》、《續錄》	著錄徐渭作品四件 1 徐青藤《行書軸（遊五泄記）》。紙本，高四尺一寸八分，廣一尺一寸三分，紙本，高四尺一寸八分，廣一尺一寸三分。 萬曆二年十一月廿有二日，偕王圖、吳系、馬策往五泄。初宿謝家橋，明日雨，山行，驢不可負，暮至楓橋駱君意舍止焉。明日，	

其兄懷遠公蚤（驗）來。又明日，飲懷遠罷，入化城寺。又明日，陳君心學來。又明日，飲於陳君止焉。又明日，午始霽，遂行。兩宿而至五泄寺，旻（是）爲至日，遂登。已而大霧窮宇內，不見寸形，渾若未闢，忽復霽，遂窮五泄下，題名鑴（鐫）寺之石鼓。是夕雪。明日午復霽，往觀七十二峰，攀捫裸屬，陟自西潭，以漲甚返。又明日，陟四泄之對岫，觀四泄，〔下〕飯於寺，遂裝以歸。逾響鐵、紫閬、長青三嶺，日仄，至洞岩寺，飯罷已燈。僧祖福縛炬請觀洞嶺（岩）。入至第三洞之鼈口洞，故有外屏，近爲占洞有（者）所壞，泥入壅鼈口。返，又明日，乘（黎）飲（飯），復行入湖船，一日（夕）而至金家巉。甫明，逾兩小嶺，午泛離渚，日夕（仄）抵家。是觀也，洞岩奇於陰，五泄奇於陽，而七十二（三）峰兩壁□（夾）一壑，時明時幽，時曠寸逼，奇於陰陽之間。以余評之，殆莫勝於五泄，借物以形容之終不足。蘇長公遊泉（白水）佛跡山雲，山上瀑布三十仞，雷輥電散，未易名狀，大略如（似）項羽破章邯時，庶幾近之矣。是行也，去來（凡）十有三日，陸行三百里，水行百卅（三十）里。宿於駱四夕，（幹）於途如之，於陳一夕，於寺再倍於陳。余墮驢者二，越溪而深（溺）者一，濡者四五，驢厥於嶺者三，淖潭（子淖）而跌者弗論也。得詩二十首，每作諸子必和之。（13-156）

按：比較《穰梨館過眼錄》著錄的《遊五泄記》內容與《徐渭集》（第 598 頁）比較，著錄內容錯誤比較多，括號內爲《徐渭集》中文字，以《續修四庫全書（1355）》所收《徐文長文集（三十卷）》來比較，《徐渭集》亦有誤，如「五泄奇於陽，而七十二峰兩壁夾一壑」，文集中誤作「七十三」峰。

2 徐青藤《蟹軸》。紙本，高一尺三寸，廣九寸三分。郭索郭索，還用草縛。不敢橫行，沙水夜落。文長。

3 徐青藤《葡萄軸》。紙本，高三尺四寸五分，廣一尺三分。幾串明珠掛水晶，醉來和墨掃能成，當時何用相如璧，始換西秦十五城。青藤（13-156）

4 徐青藤《人物花卉冊》（六頁）紙本，水墨，六頁高各七寸九分，廣七寸一分。

第一頁：二月二日涉筆新，水仙竹葉兩精

		神，正如月下稱（乘）鷺女，何處堪容啖（食）肉人。 第二頁：知道 行家學不求，爛塗蕉葉倒莓苔。憑伊遮蓋無鹽墨。免倩胭脂抹广（瘦）腮。 第三頁：稻熟江村蟹正肥，雙螯如戟挺青泥。若教紙上翻身看，應見團團董卓臍。 第四頁：經旬不食似蠶眠，更有何心問歲年。忽報街頭糕五色，西風重九菊花天。 第五頁：蘭亭修褉只須臾，也抱雙鵝浴淺渠。校計吾儕淹酒肉，教鵝不啄一蝦魚。（《右軍修褉圖，二鵝浴於溪》，見《徐渭集》第854頁。） 第六頁：大海有鯨鼇（魚），五嶽□其鼻（額）。任公釣不來，煩爾一絲雪。（《獨釣寒江》，見《徐渭集》，第332頁。） 隆慶五年秋中，青藤道人徐渭畫於留雲堂（13-317） 按：原著錄中有空格，通過其他版本補入，以供參考。	
1906	吳隱摹集《古今楹聯匯刻》	《古今楹聯匯刻》收錄徐渭行書聯二。（吳隱摹集《古今楹聯匯刻》中國書店，1994年，第198、199頁） 按：從《古今楹聯匯刻》圖版看，作品疑偽。	
1903	邵松年《古緣萃錄》	著錄徐渭作品三件 1 徐青藤《墨花卉圖卷》（《古緣萃錄》卷四，二五）紙本，高八寸七分，長一丈四尺七寸，盈紙四節結，分十二段。筆墨清潤，書亦老橫，印章由備。當是得意之作，前後有「孫暹」、「純中」二印。 2 徐青藤《釋葦如詩畫卷》凡三紙，第一紙，高四寸九分，長一尺四寸二分，畫一缽題云：「楚石上人缽贊：好個和尚……己未（1559）之春慈感寺……青藤道士徐渭。第二紙，高四寸九分，長一尺四寸一分，松樹數株，下縛草為龕，一老僧坐禪於中，款在下。題：福庵上人栽松圖。款：徐渭寫。第三紙，高四寸六分，長五尺五寸六分，紙一結詩讚五首（王穉登及丁巳九月智舷）。（《古緣萃錄》卷四，二七） 3 徐青藤《荷花鷺鷥軸》紙本水墨，高三尺四寸六分，闊一尺四寸六分。殘荷一葉花落蓮房，白鷺三皆立水際，蘆荻已花，二	己未年，徐渭三十九歲，此期畫作可疑。

		雀棲息其上，已是涼秋天氣，筆致清勁寫生靈活，款在右上。款：青藤道士。（《古緣萃錄》卷四，八〇） 按：見《續修四庫全書》1088，第78～80頁。	
1909	龐元濟《虛齋名畫錄》	著錄徐渭作品三件 1《明徐青藤桐陰煮茗圖軸》，《虛齋名畫錄》卷十一。（12-487） 2《明徐青藤畫冊三十六幀》（疑僞），紙籤一：青藤墨寶，吳墨井藏。（12-385） 　　羅謙題跋：徐文長先生題沈徵君畫云：精緻入絲毫，而人眇小止一豆。今閱趙千里畫卷，細微潤秀，固自爭先。然其人物尚不及一豆，足見宋元墨妙尤高出一層也。時丙午上巳，羅謙識。（另見本表1852年《明徐青藤畫冊三十六幀》跋） 3《明徐青藤畫冊》，高麗紙本，凡三十六幀，皆水墨，山水、人物、花卉、鳥獸具備。每高八寸八分，闊一尺二寸三分。（12-540）。	
1913？	吳昌碩《吳昌碩談藝錄》	「於畫嗜青藤、雪個。」（吳昌碩《吳昌碩談藝錄》人民美術出版社，第195頁。） 按：不知年月，姑且以1913杭州西泠印社正式成立，吳昌碩被推爲首任社長時間錄入。	於畫嗜青藤、雪個。
1915	陳夔麟撰《寶迂閣書畫錄》	《寶迂閣書畫錄》著錄徐渭作品《行書古詩卷》，後有周亮工跋。 　　陳夔麟評曰：此卷天池隨筆書，每詩一首爲一段，蓋有圖章，未見總款，當不止此六段也。書法胎乳襄陽，間作變體俞徵神妙，抑塞磊落才奇而字亦奇，以狂目之儗矣。山人擅畫，名眞者十不獲一，行草卷尤罕見，永保之。（《歷代書畫錄輯刊第13冊》，《寶迂閣書畫錄》卷一，北京圖書館出版社2007，第373～376頁。） 按：徐渭《行書古詩卷》，今藏上海博物館，名爲《行書唐宋人詩卷》。	「名眞者十不獲一，行草卷尤罕見。」然此卷亦疑僞。
1920	齊白石《齊白石論畫》	齊白石1920年九月二十一日記： 　　青藤、雪個、大滌子之畫，能橫塗縱抹，餘心極服之。恨不生前三百年，或求爲諸君磨墨理紙，諸君不納，余於門之外餓而不去，亦快事也。 （劉振濤等編《齊白石研究大全》，湖南師範大學1994。轉引自郎紹君、郭天民主編	青藤、雪個、大滌子之畫，能橫塗縱抹，餘心極服之。

		《齊白石全集》第 10 卷第 2 部份齊白石文抄之八《日記》第 115 頁，湖南美術出版社 1996 年。）	
1922	汪士元《麓雲樓書畫記略》	《麓雲樓書畫記略》著錄徐渭《大士像軸》。（《歷代著錄畫目正續編》上，北京圖書館出版社 2007，第 458 頁。）	
1925	徐沁輯《徐文長佚草》	陳師範《徐文長佚草序》： 　　生平所作詩書及畫，超然皆有逸致。……民國十四年春王月，伴鶴居士陳師範識於沈氏抱經樓。（《徐渭集》，第 1351 頁。） 沈德壽《徐文長佚草序》： 　　其書文詩畫尤精奇特兀。……民國十有四年歲次乙丑仲春，慈谿藥庵沈德壽序於百福庵。（《徐渭集》，第 1352 頁。）	詩書及畫，超然皆有逸致。 　　其書文詩畫尤精奇特兀。
1930	張大千大風堂藏徐渭作品	著錄徐渭作品二件 徐天池花卉冊（花卉 16 種）》（疑偽）神州國光社民國二十九年版。 2 榮寶齋藏《「捧讀」詩稿》手卷（真跡）（《徐渭草書二種》榮寶齋出版社 2000）	
1940	《黃賓虹談藝錄》	黃賓虹《題水墨花卉卷》： 　　青藤白陽才不羈，績事兼通文與詩。 　　取神遺貌並千占，五百年下私淑之。 （黃賓虹著，張同標編《黃賓虹談藝錄》河南美術出版社，2007 年，第 165 頁。）	青藤白陽才不羈，績事兼通文與詩。取神遺貌並千占，五百年下私淑之。
1943？	潘承厚輯《明清兩朝畫苑尺牘》	潘博山藏《巽公帖》（真跡），（《明清書畫家尺牘》，上海書店出版社 1996，著錄見容庚《叢帖目》，第 909 頁。）	

附表二：《中國古代書畫鑒定實錄》
徐渭作品眞僞統計表

　　謝稚柳、啓功、徐邦達、楊仁愷、劉九庵、傅熹年、謝辰生鑒定小組（1983～1990）鑒定實錄，據勞繼雄著《中國古代書畫鑒定實錄》（東方出版社 2011 年）統計。分四類（其中資料基本不是徐渭的作品，可以劃歸僞跡）。統計結果分析：共計鑒定 135 件，眞跡 100 件（含精品 14 件），僞跡 30 件（其中含資料 9 件），不同意見 5 件。僞跡占 22%。如果含不同意見的，則占 25.9%。本表中之「按」爲原作者勞繼雄所加。備註欄目爲筆者論文已考訂之眞跡。

頁碼	藏地	名稱及鑒定情況	質地墨色	專家鑒定	備註
7	北京故宮（代管文物）	荷花圖軸	紙本墨色	僞跡	
17		風雨歸莊圖軸	紙本墨色	僞跡	
27		草書俠客五律詩軸（黃胄藏印）	紙本墨色	眞跡	
57	中國文物商店總店	行書卷	紙本	僞跡	
94	北京市進出口公司	花卉圖冊	紙本墨色	僞跡	
101	北京市工藝品	明周臣 後赤壁賦圖 徐渭 行書前赤壁賦卷 徐渭署：「書於玉屏山館」 按：此卷周臣畫假，徐渭字眞。	（畫）絹本 （字）紙本	畫假字眞	

174	首都博物館	荷花圖卷	紙本墨色	偽跡		
178		孫承澤、徐渭行書詩冊（十五開）（殘） 署：「丙辰（1676）孫承澤。」 周肇祥等題。	紙本	真跡	真跡	
197	北京市文物商店	荷花圖軸 原錢鏡塘藏	紙本設色	偽跡		
207		花卉圖卷 按：紙到清，但畫不是徐渭作。	羅紋紙 墨色	資料		
212		草書自作（七言絕句）詩軸 「子建相違恐未真，人言……徐渭。	紙本		真跡	
214		野秋韆十一首行草 鈐：「花暗子雲居」（白） 劉侃引首並跋	絹本			
223		行書五律詩軸	紙本		真跡	
226		草書軸	紙本	偽跡		
255	中央工藝美院	荷花圖軸 按：此荷花硬是造假的。	紙本	偽跡		
277		隸書八言聯 「書樵」上款	紙本		真跡	
315	中國美術館	觀音蓮舟圖軸 款：天池渭	紙本墨色		真跡	
323		花卉圖卷 有自題 謝稚柳：字頗像真的，畫就差了。	紙本墨色	舊偽		
376	榮寶齋	雜花圖卷 署：「萬曆壬辰（二十年，1592，72） 秋青藤道人醉塗於萬玉山房」 卷後有啟功跋 謝稚柳：卷後款較差，章不好，中間題 詩好。 徐邦達：一望而知真。 楊仁愷、傅熹年：假。 徐邦達：章確實不太好，存疑。 謝稚柳、楊仁愷搖頭。 徐邦達堅持自己意見。	紙本墨色	不同 意見		

397	中國歷史博物館	花卉圖卷 李因篤跋： 按：此圖和榮寶齋一件相類似，那件多了螃蟹和荷花，章比那件好，開門見山。	紙本墨色		眞跡	397頁與409頁可能是一件重錄
409		雜花圖卷 李因篤跋	紙本墨色		眞跡	
442		雜畫冊裝卷（三開）	紙本墨色		眞跡	
497	故宮博物院	花卉圖冊（八開） 有自題 按：此花卉略帶紫色，頗爲別致。	紙本設色		眞跡	
500		花卉雜花圖卷 每段自題詩 按：卷中有：「辛卯七十一」白文印是鈐在所畫折桂一段上。	紙本墨色		眞跡	
502		雪竹圖軸 自題七絕詩	紙本墨色		眞跡	
502		梅花蕉葉圖軸 自題詩 畫中鈐有乾隆、嘉慶等藏印，「石渠寶笈著錄」	紙本墨色		眞跡、精	
548		墨葡萄軸 自題詩 按：此圖爲複製品	紙本墨色	資料		
721		四時花卉圖軸 自題七言	紙本墨色	資料		
788		行書七言詩軸 「子遂」上款	紙本		眞跡、精	
799		行草七言古詩軸	紙本		眞跡	
806		行草古詩卷	紙本		眞跡	
816		行草七律詩軸	紙本		眞跡	
818		行草七律詩軸	紙本		眞跡	
825		行草蘇東坡點鼠賦軸	紙本		眞跡	
830		行草錄唐詩卷	紙本		眞跡	

830		行草自書詩卷 陳希敬、黃曾、方廷湖、劉寶楠、葉道芬等跋 按：無款，殘卷。陳希敬，春甫。	紙本		眞跡	
839		自書詩文冊 署：「隆慶元年（1567）五月」 徐邦達、劉九庵：眞跡。 謝稚柳、啓功、楊仁愷、傅熹年：僞品，但夠年份。	紙本	不同意見		
840		行書詩稿冊（八開） 內有周光緒批點	紙本		眞跡	
847		行書白鹿賦並序軸 印章款 按：傳「白鹿賦」係徐渭爲胡宗憲作祥瑞賀表。	紙本		眞跡	
858	故宮博物院	行書四靈詩卷 渭生題	紙本		眞跡	
865		行書晝錦堂記 壬辰歲天池道人徐渭。	紙本		眞跡	
869		行書千字文卷 陳奕禧等跋	紙本		眞跡	
883		行書梅花賦卷	紙本		眞跡	
884		草書千字文 卷中有內府藏印，石渠寶笈著錄，屬「佚目」。	紙本		眞跡	
885		行草軸	紙本		眞跡	
911		行書卷雜詩 卷中有：「萬曆八年（1580）正月四日連大雪」之句。 梅清跋	絹本		眞跡	
937		潑墨葡萄圖軸	紙本墨色		眞跡、精	眞跡
946		黃甲圖軸 啓功：存疑。	紙本墨色	不同意見		
978		花鳥圖卷 吳湖帆跋	紙本墨色		眞跡	
979		花卉九種卷	紙本墨色		眞跡	

983		山水人物花鳥冊（十六開） 署：「萬曆戊子（1588）夏仲」「宗侄子雲」上款 謝稚柳：存而不論，畫怪，不比徐渭畫得壞，字類早年，看不懂，看來畫還是眞的。	灑金紙 墨色		眞跡	
1002	故宮博物院	花卉圖卷（十六種） 署：「萬曆五年（丁丑，1577）重九爲從子十郎君戲作於木瓜橋之花樹館」 自題引首 卷後吳昌碩題	紙本墨色		眞跡、精	
1007		驢背吟詩圖 張孝思、笪在幸等題 謝稚柳、啓功等：疑爲明人舊畫，風格比徐渭早。 按：此圖無落款，據圖中笪在幸題定爲徐渭畫。	紙本墨色	資料		
1202		五月蓮花圖軸 自題七言詩	紙本墨色		眞跡、精	《中國古代書畫圖目》中傅熹年疑僞
1202		竹石牡丹圖軸 自題七言詩	紙本墨色		眞跡、精	
1203	上海博物館	蕉石牡丹圖軸 有梁清標鑒藏印	紙本墨色		眞跡、精	
1228		擬鳶圖 自題引首並題 有汪律本、馮超然、葉恭綽、吳湖帆等題跋	紙本墨色		眞跡、精	
1228		花果圖卷 鈐：「孺子（白）」、「文長（白）」、「愧」、「文」「長」（白朱文）等 宋獻、王武、顧文斌等跋	紙本墨色		眞跡、精	
1341		蕉石牡丹圖軸	紙本墨色		眞跡	

1350		花果圖卷 沈紹文引首 湛福題「乾隆甲戌（1754）」李世倬、李葆恂、伊福訥、傅雯、程寶書等題	紙本墨色	不同意見		
1363		行草仿涪翁漫士書冊（二十八開） 陸紹曾引首 楊守敬、李葆恂、王仁俊、李佳、胡棣華、顧印愚、王家槐、畢光祖、陳衍、楊壽昌等題	紙本		眞跡	
1368		七古二章卷草書 署：隆慶春之望後，時接初夏……書此爲別。 吳清鵬、許乃釗等題	紙本		眞跡精	眞跡
1368		行草詩卷 署：青藤道士渭於灑香書屋	紙本		眞跡	
1368		行草詩卷 署：天池渭	紙本		眞跡	
1368	上海博物館	行草陶詩二十首 署：萬曆庚辰（1580）谷日前四日，青藤道人書於……	絹本		眞跡	
1368		行草詩卷 自書：僑寓……萬曆元年之十月望，天池渭書。	紙本		眞跡	
1368		行書七言聯 「蕭甫年翁」上款 七言聯：舜跡禹書攀正急，嶺猿灘雪去何賒。 劉九庵：紙、章存疑，太新，疑大千做 謝稚柳：寫得較光生，比較新，靠不住。	紙本	資料		
1380		雜花圖卷 署：萬曆四年（1576）清明日戲作於葡桃深處，金晶山人。王震引首。章燧、商言志等跋	紙本墨色		眞跡	
1380		雜花四段卷 彭紹升題	絹本墨色		眞跡	
1380		墨花圖卷 署：萬曆辛卯春王雞日 石舟引首	紙本墨色		眞跡	

1380		雜花卷 署：萬曆庚辰八月望日。吳湖帆跋	紙本墨色		眞跡	
1380		花卉圖卷　　署：萬曆壬辰之秋	紙本墨色		眞跡	
1425	上海博物館	行草卷 印章款。 按：應是清初物，末有「左愼」簽押，有此一般都是不打章的	紙本	資料		
1482		竹石牡丹圖軸　眞跡	紙本墨色		眞跡	
1505		徐渭草書七絕詩軸　眞跡 七絕詩：「一篙春水半溪煙，抱月懷中枕鬥眠。說與旁人渾不識，英雄回首是神仙。天池」	紙本		眞跡	
1535		楷書（隨軒）書思翁誥冊（十六開）眞跡 董其昌的曾祖母（董其昌之母爲沈氏）	紙本		眞跡	
1923	上海文物商店	葡萄圖軸	紙本墨色		眞跡	
1945		草書應制詠墨軸	紙本		眞跡	
1945		草書應制詠劍軸	紙本		眞跡	
1949		行草書杜甫七絕詩軸 錦城……天池	紙本		眞跡	
1952	蘇州博物館	行草五絕詩軸	紙本		眞跡	
1963		芭蕉圖軸 張大千所作	紙本設色	僞跡		
1974		草書青天歌卷 鈐：「天池山人」「青藤道士」白 按：款後添，但草書系徐渭眞跡，原屬印章款。《中國古代書畫目錄》作無款。	紙本		眞跡	
1991		芙蓉野鳧圖軸	紙本墨色	僞跡		
2077	無錫市博物館	雜花圖軸	紙本墨色	僞跡		
2081		花卉圖大冊頁 按：此圖係張大千所作。	紙本墨色	僞跡		
2081		行書卷 按：極精，也有人看不好。	紙本		眞跡	

2081		草書軸 謝稚柳：眞 按：這幅字很草，且有一支開花筆所書，字體不似，有人看偽。待研究。	紙本	不同意見		
2130	南京博物院	雜花圖卷 署：天池山人戲抹。鈐：「徐渭之印」白、「青藤道人」白 翁方綱己亥（1779）、李寄雲、樊增祥等跋 有葉赫那拉氏、齊白石等收藏印，李寄雲鑒藏印	紙本墨色		眞跡、精	眞跡
2142		三清圖軸 題：從來不見梅花譜……	紙本墨色		眞跡、精	
2288	揚州市文物商店	葡萄圖扇面	紙本墨色		眞跡	
2362	鎮江市博物館	行書聯	紙本	偽跡		
2392	南京市博物館	行書　謁孝陵詩卷	紙本		眞跡	
2463		草書五律詩軸	紙本		眞跡	
2464	浙江省博物館	蘭花圖卷 王開謀引首	紙本墨色	偽跡		
2469		葡萄圖軸	紙本墨色		眞跡	
2478		花果圖冊 每開有傅宗對題	紙本墨色		眞跡	
2621	西泠印社	草書七律詩軸	紙本		眞跡	
2686	寧波天一閣文物保管所	觀音圖軸	紙本墨色		眞跡	
2688		行書白燕詩軸 詩名：「白燕三」 按：上博一件「白燕四」，可配對。	紙本		眞跡	

2689	紹興市博物館	行書五律詩軸	紙本		眞跡	
2691		草書白燕詩卷 「鎮南朱內史」上款　謝稚柳：眞，但不好。款好。	紙本		眞跡	
2694		行書五律詩軸	紙本		眞跡	
2695		行書詠花卉（十六種）詩卷 萬曆五年重九月，金壘山人	紙本		眞跡	
2696		行書春興詩冊， 署：萬曆辛卯（1591）天池道人書於（梅花）館	紙本		眞跡	
2780	安徽省博物館	潑墨疏林圖軸	紙本墨色		眞跡	
2791		行書五絕詩扇面 按：此徐渭字學米芾，與原風格不相似。	金箋	資料		
2894	山西省博物館	草書詠月詞軸	紙本		眞跡	
2894		行草書杜詩軸	紙本	偽跡		
2992		草書詩冊。 署：萬曆丙子夏日天池山人	紙本	偽跡		
3068	天津藝術博物館	竹石圖軸	紙本墨色	資料		
3120		草書七律詩軸	紙本		眞跡	
3163	天津歷史博物館	蟹魚圖軸	紙本墨色		眞跡	
3191	天津文物公司	竹蟹圖軸	紙本墨色	偽跡		
3271	濟南市文物商店	花果圖卷（兩卷） 分別畫：竹、石榴、荷花、菊。每段自題七絕	紙本墨色		眞跡	
3300	青島市博物館	行草群望詩軸	紙本		眞跡	

3348	吉林省博物館	四季花卉圖卷	紙本墨色		眞跡	
3351		七律詩軸	紙本		眞跡	
3353		水仙竹葉圖軸 自題七絕詩	紙本墨色		眞跡	
3409	大連文物商店	行草蜀道難 署：隆慶改元秋八月之望……	絹本		眞跡	
3424	瀋陽故宮博物院	雪蕉梅石圖軸	紙本墨色		眞跡	
3459		草書李白詩軸	紙本		眞跡	
3568	遼寧省博物館	徐渭山水圖卷 按：此卷係張大千所做	紙本墨色	僞跡		
3568		寫意蟲草圖卷	紙本墨色	資料		
3619	廣東省博物館	竹石圖軸	紙本墨色		眞跡	
3621		梅竹圖軸 自題：一妹提紅……	紙本設色		眞 跡、精	
3622		淮陰侯祠等詩卷	紙本		眞跡	
3660		瓶花圖軸 自題七絕詩 方廷瑚題詩塘	紙本墨色		眞跡	
3682		花卉圖軸	紙本墨色		眞跡	
3760		花卉圖卷	紙本設色	僞跡		
3837	四川省博物館	行草七律詩軸 按：所書爲王維詩	紙本		眞跡	
3891		花卉圖軸 自題：花是揚州種，瓶是汝州窯。注足 東吳水，春深鎖二喬。	紙本	僞跡		
3953	重慶市博物館	草書自書曲軸	絹本		眞跡	

3969	雲南省博物館	雜花卷 署：「「：「柳郎強我以畫，勉應之，卻非故步也，所恕者不俗耳。嘉靖壬寅，金壘。」 鈐：「徐渭之印」（白）、「青藤道人」（白） 按：此畫很成熟，是否爲徐渭二十二歲所作，還是年款寫錯？畫中有「老人一掃秋園卉，六片尖尖雪色流。用盡邢州砂萬斛，未便琢出此搔頭。」之句，由此可見不是年輕時候所作。	紙本墨色		眞跡、精	
3983	西安文物保護考古所（小雁塔）	草書龍溪號篇卷 署：「天池道人徐渭爲新安馮龍溪先生書，時萬曆丙子（四年，1576）端陽前一日也。」「次年夏五月十六日天池山人渭賦並書」	紙本		眞跡	
4059	湖南省博物館	行書七言詩卷 署：青藤道人　渭	紙本		眞跡	
合計		136件（含重複一件）		35件	100件	3件

附表三：《中國古代書畫圖目》徐渭作品統計表

說明：

1、作品名稱前有▲者爲劉九庵《宋元明清書畫家傳世作品年表》中所收徐渭書畫作品。表四同此。（其中故宮博物院藏隆慶元年書《傳記詩翰》未見）

2、作品名稱前有 * 者爲文中已進行辨僞的部份作品。筆者認爲是眞跡者在在作品前用※注明。表四同此。

3、有部份博物館藏品《中國古代書畫圖目》未能著錄的，如故宮博物院藏《四時花卉卷》紙本墨筆，46.6×1081.7cm，沒有編號，故未錄入本表。

序號	編　號	作品名稱	樣式 質地 墨色	尺寸cm	藏　地	備　註
1	京 1-029	行書俠客五言律詩	軸　紙		故宮博物院	
2	京 1-1819	*▲花卉十六種圖	卷　紙　墨筆	30×548	故宮博物院	萬曆五年
3	京 1-1820	▲山水人物花鳥冊（16頁）	冊　紙　墨筆		故宮博物院	萬曆戊子
4	京 1-1821	雜畫	卷　紙　墨筆		故宮博物院	辛卯（萬曆十九年，1591）
5	京 1-1822	▲楷書晝錦堂記	軸　綾	183×48.5	故宮博物院	壬辰歲
6	京 1-1823	*▲墨花九段卷	卷　紙　墨筆	46.3×624	故宮博物院	萬曆壬辰多
7	京 1-1824	雜畫冊（八頁）	冊　紙　設色	30.4×35	故宮博物院	無款

8	京 1-1825	行書詩箚八開	冊　紙			故宮博物院	
9	京 1-1826	花鳥八段	卷　紙　墨筆	26.3×519.5	故宮博物院	無款
10	京 1-1827	行書千字文	卷　紙		故宮博物院	
11	京 1-1828	草書千字文	卷　紙		故宮博物院	
12	京 1-1829	行草古詩（少年上人）	卷　紙	31×227.5	故宮博物院	
13	京 1-1830	行書四鷺詩	卷　紙	30.5×550	故宮博物院	
14	京 1-1831	自書詩卷（楷行草）	卷　紙	29.8×446.8	故宮博物院	
15	京 1-1832	行書梅花賦	卷　紙		故宮博物院	
16	京 1-1833	行草錄唐詩	卷　紙		故宮博物院	
17	京 1-1834	行書雜詩	卷　紙	22.2×733	故宮博物院	
18	京 1-1835	*四時花卉	軸　紙	144.7×80.8	故宮博物院	款：鵝鼻山儂
19	京 1-1836	雪竹圖	軸　紙　墨筆	126×58.5	故宮博物院	
20	京 1-1837	*梅花蕉葉圖	軸　紙　墨筆	133.3×30.7	故宮博物院	
21	京 1-1838	黃甲圖	軸　紙　墨筆	114.6×29.7	故宮博物院	啓功疑
22	京 1-1839	※墨葡萄	軸　紙　墨筆	166.3×64.5	故宮博物院	
23	京 1-1840	行草書（夏讀）	軸　紙	128×32	故宮博物院	
24	京 1-1841	行草七言古詩（海水）	軸　紙	184×93	故宮博物院	
25	京 1-1842	行書七律詩（朝廷）	軸　紙	164×43.3	故宮博物院	天池山人
26	京 1-1843	*行草春園	軸　紙	210×64.3	故宮博物院	
27	京 1-1844	草書七律詩（十六夕）	軸　紙	125.5×33.5	故宮博物院	天池道人徐渭
28	京 1-1845	小行楷白鹿賦	軸　紙		故宮博物院	
29	京 1-1846	草書李白贈汪倫詩	軸　紙		故宮博物院	
30	京 1-1847	楷書蘇軾點鼠賦	軸　紙		故宮博物院	
31	京 1-1848	行書詩稿（朝進東門）	頁　紙	24.7×24	故宮博物院	
32	京 1-1849	楷書致明公手箚	頁　紙	24.8×37	故宮博物院	
33	京 1-1850	*▲四時花卉又名墨花十二段卷	卷　紙　墨筆	32.5×795.5	故宮博物院	

34	京 1-3360	無驢背吟詩圖	軸 紙 墨筆	112.2×30.3		舊題徐渭作
35	京 2-158	花鳥、人物三頁	冊裝卷 紙 墨筆	19×22	中國歷史博物館	無款，畫近故宮博物院山水人物冊
36	京 2-159	*雜花六段卷	卷 紙 墨筆	29.5×304.7	中國歷史博物館	
37	京 3-025	觀音蓮舟圖	軸 紙 墨筆	116×29.2	中國美術館	款：天池渭
38	京 10-007	行書前赤壁賦	卷 絹	24×388	北京工藝品進出口公司	絹本
39	京 12-025	行書自書詩（野秋轤十一首）	卷 絹	35.2×207	北京文物商店	
40	京 12-026	草書七言絕句（子建詩）	軸 紙	129.3×61	北京文物商店	徐渭
41	京 12-027	行書五言律詩（陸海披晴詩）	軸 紙	131.5×56.6	北京文物商店	青藤徐渭
42	滬 1-1105	※▲行草七言古詩春雨卷	卷 紙	48.4×645.5	上海博物館	筆者考爲隆慶二年眞跡
43	滬 1-1106	*▲行草詩詞	卷 紙	29.2×442	上海博物館	萬曆元年
44	滬 1-1107	雜花卷	卷 紙 墨筆		上海博物館	萬曆四年
45	滬 1-1108	*▲雜畫卷（十一段）	卷 紙 墨筆	28.5×859.1	上海博物館	萬曆庚辰八月望日
46	滬 1-1109	▲行草陶詩二十首	卷 絹	23.4×746.5	上海博物館	萬曆庚辰谷日前四日
47	滬 1-1110	▲墨花圖卷（八段）	卷 紙 墨筆	29.5×429	上海博物館	萬曆辛卯春王雞日
48	滬 1-1111	*▲花卉（八段）	卷紙 墨筆	28.3×375.6	上海博物館	萬曆壬辰之秋八月
49	滬 1-1112	*花果卷	卷 紙 設色	33.5×522.8	上海博物館	《過雲樓書畫記》著錄
50	滬 1-1113	雜花四段	卷 絹 墨筆	27.8×50.2	上海博物館	傅熹年疑
51	滬 1-1114	*擬鳶圖	卷 紙 墨筆	32.4×160.8	上海博物館	
52	滬 1-1115	*五月蓮花圖	軸 紙 墨筆	129.3×51	上海博物館	傅熹年疑僞
53	滬 1-1116	竹石牡丹圖	軸 紙 墨筆	138.7×37.1	上海博物館	
54	滬 1-1117	竹石牡丹圖	軸 紙 墨筆		上海博物館	
55	滬 1-1118	蕉石牡丹圖 1	軸 紙 墨筆	120.6×58.4	上海博物館	啓、傅：僞。

56	滬 1-1119	蕉石牡丹圖	軸 紙 墨筆		上海博物館	
57	滬 1-1120	漁婦圖 又名觀音圖	軸 紙 墨筆	116×26	上海博物館	
58	滬 1-1121	菊石圖	軸 紙	124.8×30.6	上海博物館	傅：舊摹。
59	滬 1-1122	行書詩十六開 （雨中醉草）	冊 紙	25.8×31.5	上海博物館	
60	滬 1-1123	行書臨米、黃書 二十八開	冊 紙	46.4×27.5	上海博物館	無款
61	滬 1-1124	*行草女芙館十 詠卷	卷 紙	29.8×446.8	上海博物館	
62	滬 1-1125	行草李白詩、蘇 軾詞	卷 紙	30.5×770.8	上海博物館	
63	滬 1-1126	*行書詩(飲馬長 城窟)	卷 絹	22.5×269	上海博物館	無款，有周亮工乙酉題跋
64	滬 1-1127	行書詩（昨日東 樓醉）	卷 紙	31.8×502.4	上海博物館	
65	滬 1-1128	*行書七律詩（春 園）	軸 紙	306.6×104	上海博物館	
66	滬 1-1129	草書七律詩（幕 府）	軸 紙	189.5×60.3	上海博物館	
67	滬 1-1130	*草書七絕詩(一 篙)	軸 紙	123.4×59	上海博物館	
68	滬 11-032	葡萄圖	軸 紙	118.3×38	上海文物商店	劉、傅：偽。楊：存疑。
69	蘇 1-096	草書錦城孫管詩	軸 紙	130.8×29.7	蘇州博物館	
70	蘇 1-097	行書五絕詩	軸 紙		蘇州博物館	劉：疑，傅：偽。
71	蘇 1-098	*行草詠劍軸	軸 紙	325×102.4	蘇州博物館	
72	蘇 1-099	*行草詠墨軸	軸 紙	325×102.4	蘇州博物館	
73	蘇 1-234	草書青天歌（無 款）	卷 紙		蘇州博物館	「徐渭書」三字疑後添。
74	蘇 11-005	墨葡萄	頁 紙 墨筆		揚州市文物商店	
75	蘇 20-013	*行草謁孝陵詩	卷 紙	25.7×113.2	南京博物院	
76	蘇 24-0126	※雜花圖	卷 紙	37×1049	南京博物院	
77	蘇 24-0127	三友圖	軸 紙	142.4×79.4	南京博物院	

78	蘇 24-0128	三江夜歸詩	軸 紙	127×32	南京博物院	
79	蘇 24-0129	三清圖	軸 紙	200.9×100.8	南京博物院	
80	浙 1-042	花卉冊	冊頁 紙 墨筆	30.35×21.25	浙江省博物館	無款，左側為傅宗和南題詩
81	浙 1-043	*葡萄軸	軸 紙 墨筆	184.9×90.7	浙江省博物館	「牟生」詩
82	浙 1-044	行書五律詩（重門朝已起）	軸 紙	227.5×105	浙江省博物館	天池山人
83	浙 4-013	草書七律詩（雞鳴）	軸 紙	104×353	西泠印社	
84	浙 18-003	行書詠花卉詩（十六種詩）	卷 紙		紹興市博物館	萬曆五年
85	浙 18-004	*行書春興詩八開	冊 紙		紹興市博物館	萬曆辛卯
86	浙 18-005	草書白燕詩	軸 紙	29.6×421	紹興市博物館	
87	浙 18-006	行書五律詩（盧橋）	軸 紙	184.5×69	紹興市博物館	無款
88	浙 18-007	行書五律詩（何處行雪）	軸 紙	125.5×35.6	紹興市博物館	
89	浙 35-34	水月觀音圖	軸 紙 墨筆	102.6×26.4	寧波天一閣文管所	
90	浙 35-35	行書白燕詩之三	軸 紙	264.1×73.5	寧波天一閣文管所	
91	津 2-023	蟹魚圖	卷 紙 墨筆	29×79	天津歷史博物館	
92	津 7-0207	行草書七律詩（飄砧）	軸 綾	135.2×48.2	天津藝術博	天池
93	晉 1-018	行書詠月詞	軸 紙	208×79	山西省博物館	
94	皖 1-062	潑墨疏林圖	軸 紙 墨筆	97×37	安徽省博物館	
95	遼 2-038	*雪蕉梅竹圖	軸 紙 墨筆	134×90	瀋陽故宮博物院	
96	遼 2-039	行草李白乘舟詩	軸 紙	120.3×60.5	瀋陽故宮博物院	
97	遼 6-05	*行草蜀道難卷	卷 絹		大連文物商店	隆慶改元
98	吉 1-057	*四季花卉圖（花卉八段）	卷 紙 墨筆	29.5×487	吉林省博物館	無款
99						
100	吉 1-058	竹枝水仙圖	軸 紙 墨筆	124×64	吉林省博物館	

101	吉 1-059	行草書七律詩（官閣）	軸 綾	162.3×53.7	吉林省博物館	
102	魯 4-08	花果圖（二卷）	卷 紙 墨筆	33×30	山東省濟南市文物商店	
103	魯 5-015	行書群望詩	軸 紙	349.5×97.5	青島市博物館	
104	粵 1-0109	竹石圖軸	軸 紙 墨筆	122×38	廣東省博物館	
105	粵 1-0110	花卉軸	軸 紙 墨筆	129.5×32.2	廣東省博物館	
106	粵 1-0111	梅竹圖	軸 紙 設色	116.5×32	廣東省博物館	同上博《雜花卷》
107	粵 1-0112	瓶花圖	軸 紙 墨筆	95.5×27.7	廣東省博物館	
108	粵 1-0113	行草書詩（淮陰侯祠）	卷 紙	31.5×662	廣東省博物館	
109	川 1-062	行草王維七律詩（雞人報曉）	軸 紙	385.8×101.6	四川省博物館	
110	川 1-065	明茅寵等壽節母劉夫人書畫六開.作者茅寵、朱採、徐渭、陳皚、豐坊等	冊 紙 設色	34×57.1		隆慶辛未
111	渝 1-053	草書自度曲（鑼鼓聲）	軸 絹	125.5×51	重慶市博館	
112	湘 1-009	*行書七言詩(花卉十六種詩)	卷 紙	31×123	湖南省博物館	
113	滇 1-14	*雜畫卷（十二段）	卷 紙 墨筆	32.5×624	雲南省博物館	嘉靖壬寅款仿沈周書體。劉：年款有問題，似非早年之筆。
114	陝 2-03	*▲行草龍溪號篇	卷 紙		西安市文物保護考古所	萬曆丙子端午前一日

附表四：《中國繪畫綜合圖錄及續編》徐渭作品統計表

說明見表三

序號	編號	作品名稱	樣式	尺寸 cm	藏地	備註
1	JM1-131	*▲《木犀雨詩書》	畫卷	28.2×665.2	東京國立博物館	萬曆三年菊月望日「陳家豆酒……」
2	JM3-061	*《謁孝陵畫》軸	畫軸	108.7×28.9	大阪市立美術館	書法同南博《謁孝陵詩》
3	JM3-172	《雜花卷》	畫卷	31.2×	大阪市立美術館	
4	JM11-162-11	《行書扇面》	金箋	16.4×47.7	東京國立博物館	
5	JM13-004	*《墨花四段卷》	畫卷	25.7×290.8	日本泉屋博古館	天池道人萬曆辛卯之重九日。卷尾詩「世間…」
6	JM19-080	《松石新篁圖》	畫軸	124.5×32.8	日本黑月文化研究所	
7	JM19-091	《花卉卷》八段	畫卷	31.5×52.5……	日本黑川古文化研究所	款：天池道人萬曆辛卯之重九日
8	JP30-101	《花卉圖卷》	畫卷	27.8×35.7+……	私人	
9	JP30-194	《松石圖》	畫軸	123×31.5	私人	
10	JP42-025	《蘆蟹圖》	畫軸	72×32	私人	

11	JP42-025	《花卉圖》	畫軸	109.6×59.7	私人	
12	A18-016	《水仙竹石圖》	畫軸	79.2×32.3	私人	
13	A21-070	《花卉十二段長卷》	畫卷	32.5×535.5	美國弗利爾美術館	題畫詩有「我學彭…」等
14	A31-196	《瓜圖軸》	畫軸	63.5×29.9	高居翰藏	
15	A38-004	《花卉十二段》	畫卷	30.2×		
16	A45-001	《蓮花圖卷》	畫卷	31.1×	私人	款字「漱漢」
17	A56-040	《墨花圖》三段	畫卷	33.5×	私人	
18	S4-043	《松鶴圖》	畫軸	136.5×51.2	蘭千山館	
19	S23-008	《牡丹圖》	畫軸	136.5×61	臺北鴻禧美術館	
20	S23-023	《蟠桃紫芝圖》	畫卷	27.5×92.5	鴻禧美術館	
21	S34-011	《花卉圖卷》	畫卷	32.3×526	香港小聽帆樓	
22	S34-015	《寒三友扇面》	扇面	13.6×48.2	小聽帆樓	
23	S37-177	《神仙富貴圖》	畫軸	123.5×49	虛白齋藏	
24	E7-002	《蓮花圖》	畫軸	94.3×56.8	瑞士	
25	E18-004	《雞冠花》	畫軸	123.9×29.3	德國國立博物館	
26	E18-068	《寒林四有圖》	畫軸	67.2×30.5	德國國立博物館	
27	E18-102	《花卉雜畫圖卷》	畫卷	32.1×	德國國立博物館	
28	E20-010	*《贈龍翁圖》	畫軸	97.5×37.6	瑞典斯德哥爾摩博物館	《江蘇畫刊》82-2
29	E20-030	*《蕉石梅花圖》1	畫軸	166.4×91	瑞典斯德哥爾摩博物館	題畫詩在右上方 疑仿遼2-038
30	E20-098	《葡萄扇面》	金箋	18.2×54	瑞典斯德哥爾摩博物館	

參考文獻

1. 徐渭《徐文長三集》，商維濬等合編的萬曆二十八年刊印本。
2. 徐渭《徐文長逸稿》，張維城校集天啓三年刊印本。
3. 徐渭《徐文長佚草》，寧波天一閣藏清初息耕堂抄本，《續修四庫全書》本。
4. 徐渭《一枝堂稿》萬曆清響齋刻本三先生逸書，國家圖書館文獻中心藏。
5. 徐渭《筆玄要旨》，南京圖書館藏。
6. 徐渭纂輯《玄抄類摘》，如皋圖書館藏《書法大成》陳汝元刻本。
7. 徐渭纂輯《玄抄類摘》，日本寶曆五年（1755）秋明書室藏翻刻本。
8. 袁宏道《瓶花齋集》，《續修四庫全書》本。
9. 徐陵《徐孝穆集》，摛藻堂《四庫全書薈要》本。
10. 徐陵，清吳兆宜箋注《徐孝穆集箋注》，文淵閣《四庫全書》本。
11. 郭若虛《圖畫見聞志》，文淵閣《四庫全書》本。
12. 陸游《劍南詩稿》，文淵閣《四庫全書》本。
13. 王世貞《弇州山人四部稿》，文淵閣《四庫全書》本。
14. 黃宗羲《南雷文定》，《四庫全書存目叢書》本。
15. 李日華《六研齋二筆》，文淵閣《四庫全書》本。
16. 李日華《恬致堂集》，《四庫禁燬叢刊》本。
17. 李日華《紫桃軒又綴》，《四庫全書存目叢書》。
18. 毛奇齡《西河集》，文淵閣《四庫全書》本。
19. 黃宗羲《思舊錄》，《梨洲遺著叢刻》本。
20. 今釋澹歸《徧行堂集》，文淵閣《四庫全書》本。
21. 倪濤編撰《六藝之一錄》，文淵閣《四庫全書》本。

22. 王士禎《香祖筆記》，文淵閣《四庫全書》本。

23. 王原祁等《佩文齋書畫譜》，文淵閣《四庫全書》本。

24. 王原祁等編《佩文齋書畫譜》，文淵閣《四庫全書》本。

25. 張廷玉等修編《明史》，文淵閣《四庫全書》本。

26. 《四庫全書總目提要》，文淵閣《四庫全書》本。

27. 《集千家注杜工部詩集》卷十七，文淵閣《四庫全書》本。

28. 《浙江通志》，文淵閣《四庫全書》本。

29. 王畿《王龍溪先生全集》清光緒七年刻本。

30. 《紹興府志》，萬曆十五年本。

31. 《會稽縣志》，萬曆三年本。

32. 《紹興府志》，康熙五十八年本。

33. 《紹興府志》，乾隆五十七年本。

34. 《新修餘姚縣志》，康熙三十年本。

35. 顧文彬《過雲樓書畫記》，蘇州顧氏家刊本。

36. 張岱《琅嬛文集》上海雜誌公司 1935。

37. 朱彝尊《曝書亭集（上冊）》，國學整理社 1937。

38. 祁彪佳《遠山堂劇品》，《中國古典戲曲論著集成》中國戲曲研究院編 1959。

39. 沈德符《萬曆野獲編》，中華書局 1959。

40. 鄭振鐸輯《清人雜劇初集》中國戲劇出版社 1959。

41. 徐崙《徐文長》，上海人民出版社 1962。

42. 梁一成《徐渭的文學與藝術》，臺北藝文印書館中華民國六十六年（1977）。

43. 張孝裕《徐渭研究》，學海出版社 1978。

44. 鄧實、黃賓虹選輯《美術叢書》，江蘇古籍出版社 1979。

45. 張庚《圖畫精意識》，《美術叢書》本。

46. 孔尚任《享金簿》，《美術叢書》本。

47. 王世貞《藝苑卮言》，鳳凰出版社 2009。

48. 徐邦達《古書畫鑒定概論》，文物出版社 1981。

49. 錢伯誠箋校《袁宏道集箋校》，上海古籍出版社 1981。

50. 姜紹書《無聲詩史》，上海人民美術出版社 1982。

51. 湯顯祖著，徐朔方箋校，《湯顯祖詩文集》，上海古籍出版社 1982。

52. 袁枚《隨園詩話》。人民文學出版社 1982。

53. 童翼駒《墨梅人名錄》，上海人民美術出版社 1982。

54. 徐渭《徐渭集》，中華書局 1983。

55. 商維濬《刻徐文長集原本述》（《徐渭集》附錄）。

56. 黃汝亨《徐文長集序》（《徐渭集》附錄）。

57. 俞憲《徐文學集序》（《徐渭集》附錄）。

58. 徐渭《畸譜》（《徐渭集》補編）。

59. 馬宗霍《書林藻鑒書林記事》，文物出版社 1984。

60. 徐渭《四聲猿》，周中明校注，上海古籍出版社 1984。

61. 容庚編《叢帖目》（1～4），中華書局香港分局 1982～1986。

62. （韓）鄭銀淑《項元汴之書畫收藏與藝術》，臺北：文史哲出版社 1984。

63. 黃宗義《黃宗義全集》，浙江古籍出版社 1985。

64. 胡藝《畫史析疑二題》，《學林漫錄》第 11 期。中華書局 1985。

65. 駱玉明、賀聖遂著《徐文長評傳》浙江古籍出版社，1987。

66. 傅申《海外書跡研究》，紫金城出版社 1987。

67. 汪繹辰輯《大滌子題畫跋詩》，上海人民美術出版社 1987。

68. 謝稚柳《鑒餘雜稿》，上海人民美術出版社 1989。

69. 吳容光編著《歷代名人年譜》，上海書店 1989。

70. 劉正成主編《中國書法鑒賞大辭典》，大地出版社 1989。

71. 陳滯冬《中國書學論著提要》，成都出版社，1990。

72. 崔富章《四庫提要補正》，杭州大學出版社 1990。

73. 蘇東天《徐渭書畫藝術》，天津人民出版社 1991。

74. 洪慧良、祁萬榮《紹興農業發展史略》，杭州大學出版社 1991。

75. 薛永年《揚州八怪考辨集》，江蘇美術出版社 1992。

76. 王陽明《王陽明全集》，上海古籍出版社 1992。

77. 陳輔國主編《諸家中國美術史著選匯》，吉林美術出版社 1992。

78. 陳師曾《中國繪畫史》，翰墨園美術院 1925。

79. （英）波希爾著，戴岳譯，蔡元培校《中國美術史》，商務印書館 1923。

80. （日）中村不折　小鹿青雲著，郭虛中譯《中國繪畫史》，正中書局 1937。

81. 葉瀚《中國美術史》，北平大學第一師範。

82. （日）大村西崖著，陳彬和譯《中國美術史》，商務印書館 1928。

83. 秦仲文《中國繪畫學史》，立達書局 1933。

84. 王均初《中國美術的演變》，文心書業社 1934。

85. 鄭昶《中國美術史》，中華書局 1935。

86. 劉思訓《中國美術史發達史》，商務印書館 1946。

87. 徐朔方《晚明曲家年譜》，浙江古籍出版社 1993。

88. （美）福開森編《歷代著錄畫目》，人民美術出版社 1993。

89. 盧輔聖主編《中國書畫全書》上海書畫出版社 1993 年～1998。

90. 劉惟志編集《字學新書摘抄》，《中國書畫全書》本。

91. 蘇霖編撰《書法鉤玄》，《中國書畫全書》本。

92. 董其昌《畫禪室隨筆》，《中國書畫全書》本。

93. 李日華《味水軒日記》《中國書畫全書》本。

94. 姜紹書《無聲史詩》，《中國書畫全書》本。

95. 汪砢玉《珊瑚網》，《中國書畫全書》本。

96. 卞永譽《式古堂書畫匯考》，《中國書畫全書》本。

97. 方濬頤《夢園書畫錄》，《中國書畫全書》本。

98. 陸心源《穰梨館過眼錄》，《中國書畫全書》本。

99. 徐沁《明畫錄》，《中國書畫全書》本。

100. 龐元濟《虛齋名畫錄》，《中國書畫全書》本。

101. 宋犖《西陂類稿》，《中國書畫全書》本。

102. 陶元藻《越畫見聞》，《中國書畫全書》本。

103. 王概《畫學淺説》，《中國書畫全書》本。

104. 朱謀垔《畫史會要》，《中國書畫全書》本。

105. 陸時化《吳越所見書畫錄》，《中國書畫全書》本。

106. 張慧劍編著《明清江蘇文人年表》，上海古籍出版社 1986。

107. 孫鑛《書畫跋跋》，《歷代書法論文選續編》上海書畫出版社 1993。

108. 崔爾平選編《明清書法論文選》，上海書畫出版社 1994。

109. 國家文物鑒定委員會編《文物鑒賞叢書》書畫（一），文物出版社 1994。

110. 王寶平主編《中國館藏和刻本漢籍書目》，杭州大學出版社 1995。

111. 華人德編《歷代筆記書論彙編》，江蘇教育出版社 1996。

112. 李德仁《徐渭》（明清中國畫大師研究叢書），吉林美術出版社 1997。

113. 劉九庵編著《宋元明清書畫家傳世作品年表》，上海書畫出版社 1997。

114. 朱家溍主編《歷代著錄法書目》，紫金城出版社 1997。

115. 徐建融《明代書畫鑒定與藝術市場》，上海書店 1997。

116. 謝巍《中國畫學著作考論》，上海書畫出版社 1998。

117. 樊波《中國書畫美學史綱》，吉林美術出版社1998。

118. 陳光貽《中國方志學史》，福建人民出版社1998。

119. 張珩《木雁齋書畫鑒賞筆記》，文物出版社1999。

120. 齊白石《齊白石畫論》，河南人民出版社1999。

121. 楊仁凱《中國書畫鑒定學稿》，遼海出版社2000。

122. 黃惇《中國書法史》（元明卷），江蘇教育出版社2001。

123. 方祖猷《王畿評傳》，南京大學出版社2001。

124. 沈津輯《翁方綱題跋手札集錄》，廣西師範大學2002。

125. 吳楚材、吳調侯編選《解題匯評古文觀止》，華東師範大學出版社2002。

126. 錢存訓《中國古代書籍紙墨及印刷術》，北京圖書館出版社2002。

127. 白謙慎《傅山的交往與應酬》，上海書畫出版社2003。

128. 余紹宋《書畫書錄解題》，北京圖書館出版社2003。

129. 《乾坤清氣——青藤白陽書畫學術研討會論文集》，澳門藝術博物館出版 2006。

130. 穆棣《名帖考》，天津人民美術出版社2006。

131. 汪世清《卷懷天地自有真》，臺北：石頭出版社2006。

132. 《唐宋明清文集》第二集，天津古籍出版社2006。

133. 吳震編校整理《王畿集》，江蘇鳳凰版社2007。

134. 付瓊《徐渭散文研究》，上海古籍出版社2007。

135. 王家誠《徐渭傳》，百花文藝出版社2008。

136. 樊波《中國花鳥畫藝術專史（人物卷）》，江西美術出版社2008。

137. 孔六慶《中國花鳥畫藝術專史（花鳥卷）》，江西美術出版社2008。

138. （日）內藤湖南著，欒殿武譯《中國繪畫史》，中華書局2008。

139. 鄧之誠《骨董瑣記全編》，中華書局2008。

140. 胡益民《張岱交遊考論》，《文史論薈》安徽大學出版社2008。

141. 吳新苗《屠隆研究》，文化藝術出版社2008。

142. 萬木春《味水軒裏的閒居者，萬曆末年嘉興的書畫世界》，中國美院出版 社2008。

143. 馬漢欽編著《明代詩歌總集與選集研究》，哈爾濱工程大學出版社2009。

144. 福建師範大學中文系古典文學教研室選注《清詩選》，人民文學出版社 2009。

145. 張則桐《張岱探稿》，鳳凰出版社2009。

146. 封治國《項元汴家系再考》，見范景中、曹意強主編《美術史與觀念史Ⅷ》

南京師範大學出版社 2009。

147. 勞繼雄《中國古代書畫鑒定實錄》，東方出版社 2011。

148. 李桂生《徐渭繪畫研究》，2002 南京藝術學院博士論文。

149. 黃朋《明代中期蘇州地區書畫鑒藏家群體研究》2002 年南京藝術學院博士論文。

150. 葉梅《晚明嘉興項氏法書鑒藏研究》，2006 年首都師範大學博士論文。

151. 張淼《徐渭詩歌研究》，2008 復旦大學博士論文。

152. 楊波《徐渭交遊考》，1998 天津南開大學碩士論文。

153. 孟晗《周亮工年譜》，2007 廣西師範大學碩士論文。

154. 董博芳《周亮工的藝術交往與收藏》，2010 年上海師範大學碩士論文。

155. 《藝苑掇英》總第一期、第二期，上海人民美術出版社 1978／05。

156. 徐邦達《談古書畫鑒別》，《故宮博物院院刊》1979／02。

157. 鄭爲《徐渭〈青天歌卷〉的眞僞問題》，《文物》1980／12。

158. 徐邦達《再論徐渭書〈青天歌卷〉的眞僞》，《故宮博物院院刊》1981／04。

159. 南飛雁《關於明代美術理論家楊愼與茅一相》，《中國歷史大辭典通訊》1985／01。

160. 孫克讓《從徐渭墨筆花卉圖卷談起》，《文物》1990／2。

161. 李錦炎《徐渭和他的〈擬鳶圖〉與〈漁婦圖〉軸》，《文物》1987／12。

162. 楊臣彬《談明代書畫作僞》，《文物》1990／08。

163. 周燕兒《紹興發現徐渭撰文並手書的墓誌殘石》，《文物天地》1991／04。

164. 肖燕翼《陸士仁僞作文徵明書法的鑒考》，《故宮博物院院刊》第 1997／03。

165. 齊仕明《徐文長出生在何處》，《明清小說研究》1997／04。

166. 沈振輝《明代私人收藏家百例辨析》，《東南文化》1999／02。

167. 楊仁愷《關於明徐渭〈荷花鴛鴦圖〉提示的新問題》《東南文化》2000／04。

168. 劉侃《明徐渭〈春興詩〉冊辨析》，《東南文化》2000／8。

169. 魯力《「天下第一徐青藤」——讀徐謂〈雜花圖〉卷》東南文化 2000／10。

170. 洪再新《古玩交易中的藝術理想 黃賓虹、吳昌碩與〈中華名畫——史德匿藏品影本〉始末考略》，《美術研究》2001／04，2002／01。

171. 付瓊《徐渭自刻文集活動考述——兼及〈徐文長初集〉的刊年問題》，《紹興文理學院學報》2003／05。

172. 付瓊《〈徐文長文集〉與〈徐文長三集〉的讀者之爭及其版本問題》,《古籍整理研究學刊》2004／03。

173. 李普文《徐渭「學竹於春」考》見《美術與設計》2005／04。

174. 吳敢《說戲曲別集》,《東南大學學報》2006／01。

175. 徐豔《關於〈徐文長文集〉評點的眞劣問題──兼及評點在晚明文學發展中的作用》,《古籍整理研究學刊》2006／02。

176. 付瓊《明清徐渭散文研究述略》,《紹興文理學院報》2006／04。

177. 冷齋室主人《明清人選明詩》,《語文知識》2007／01。

178. 趙治中《湯顯祖與屠隆交誼考》,《麗水學院學報》2007／03。

179. 盛鴻郎《徐文長先生年譜》,趙敏俐主編《中國詩歌研究》第五輯。中華書局 2008／12。

180. 陶喻之《〈青天歌〉底辨青藤──〈青天歌卷〉問世背景蠡酌兼談徐渭字畫明清鑒藏始末》,臺灣藝術大學《書畫藝術學刊》第 5 期,2008／12。

181. 李普文《雲南省博物館藏徐渭〈雜畫卷〉眞僞考辨》《美術研究》2009／01。

182. 封治國《項元汴嘉興活動散考:兼論項氏與吳門畫派的關係》,《新美術》,2009／02。

圖錄

1. 《文人畫粹編 第五卷 徐渭 董其昌》,日本中央公論社出版,昭和 53 年。

2. 《故宮歷代法書全集》(冊二八),臺北故宮博物院 1979。

3. 《故宮書畫圖錄(十九)》,臺北故宮博物院 2001。

4. 《中國古代書畫圖目》,文物出版社 1986～1999。

5. 《中國繪畫全集》(中國美術分類全集),浙江人美與文物出版社 2000。

6. 《徐渭》(書畫集),浙江人民美術出版社 1989。

7. 《榮寶齋畫譜古代部份‧十七徐渭花鳥》,榮寶齋出版社 1998。

8. 《徐渭精品畫集》,天津人民美術出版社 2000。

9. 過大江編《徐渭墨蹟大觀》,上海人民美術出版社 2000。

10. 《徐渭草書二種》,榮寶齋出版社 2000。

11. 《徐渭草書千字文》,榮寶齋出版社 2000。

12. 《乾坤清氣──故宮上博青藤白陽書畫特集》,澳門藝術博物館出版 2006 年。

13. 劉正成主編《中國書法全集(53)徐渭》,榮寶齋出版社 2010。

14. (日)鈴木敬編《中國繪畫綜合圖錄》,東京大學出版會 1982～1996。

15. （日）户田禎祐，小川裕充編《中國繪畫總合圖錄續編》，東京財團法人東京大學出版會 1998。

16. 蔡辰男編著《明清名家楹帖百聯集》，臺灣國泰美術館 1978。

17. 張溥《舊雨軒藏帖》影印本。

18. 《中華五千年文物集刊·法書篇》，臺北中華五千年文物集刊編委會 1986。

19. 《海外所藏中國古畫集》，成都古籍書店 1990。

20. 《歷代名人楹聯墨蹟》，上海書畫出版社 1991。

21. 《明清名家書法大成》（明代書法一），上海書畫出版社 1994。

22. 《明代名人墨寶》，上海書店 1995。

23. 《明清書畫家尺牘》，上海書店 1996。

24. 《中國嘉德 96 秋季拍賣會作品集》（古籍善本），中國嘉德 1996。

25. 《中國法帖全集》中國法帖全集編輯委員會編，湖北美術出版社 2002。

26. 肖燕翼主編《故宮博物院藏文物精品大系·明代書法》，上海科技與（香港）商務出版社 2001。

27. 劉九庵《中國歷代書畫鑒別圖錄》，紫金城出版社 1999。

28. 王乃棟《歷代楹聯書法真偽圖鑒》，嶺南美術出版社 2002。

29. 孫寶林編《明清楹聯五百幅》，陝西人民出版社 2003。

30. 王乃棟《中國書法墨蹟鑒定圖典》，文物出版社 2004。

31. 《李初梨珍藏書畫選》，重慶出版社 1986。

32. 俞苗榮，龔天力主編《紹興圖書館館藏地方碑拓選》中冊，西泠印社出版社 2007。

附錄：徐渭《玄抄類摘》與《筆玄要旨》考論

內容提要

　　署名徐渭的《玄抄類摘》與《筆玄要旨》兩種書法理論著述是否爲徐渭編著，今存疑惑，筆者就其版本、內容，以及著作權等問題進行考論，認爲《玄抄類摘》序論爲徐渭所寫，而主體部份的框架也爲徐渭釐定，但因其未能完稿，後經陳汝元補充修訂，始爲今存之面目；《筆玄要旨》則是借用了《玄抄類摘序》及《玄抄類摘》徐渭加注的部份內容及改編前人書論組合而成，其炮製者可能與《筆道通會》是同一編者朱象衡。

關鍵詞　徐渭　《玄抄類摘》　《筆玄要旨》

　　徐渭（1521～1593）初字文清，改字文長，號天池山人、青藤道人等，山陰（今浙江紹興）人。其善詩文、通戲曲、精書法，且爲水墨大寫意花鳥畫的開派人物。其生前雖有俞憲於隆慶年間稱其「聲聞臺省，聲聞督撫，聲聞館閣」〔註1〕，但陶望齡在其去世之初依然稱其「名不出於鄉黨」〔註2〕，後因袁宏道稱其「有明一人」，並積極推動《徐文長三集》出版，徐渭的詩文名聲才在更廣泛的範圍裏受到關注，徐渭的文集也被爭相出版。〔註3〕在徐渭

〔註1〕〔明〕俞憲《徐文學集序》，《徐渭集》附錄，中華書局1983（下同），第1355頁。
〔註2〕〔明〕陶望齡《徐文長傳》，《徐渭集（附錄）》，第1341頁。
〔註3〕參見付瓊《〈徐文長文集〉與〈徐文長三集〉的讀者之爭及其版本問題》，《古籍整理研究學刊》2004年第3期。

去世百年以後畫名鵲起，其名聲更盛。筆者對其今存書畫作品做了較爲系統的搜集與整理，發現其盛名之後，書畫被作僞的現象嚴重，贋品數量遠超眞跡，以致影響了我們對徐渭書畫風格的判斷。梁啓超在《中國近三百年學術史》裏說過這樣的話：「中國舊學，十有九是書本上學問，而中國僞書又極多，所以辨僞書爲整理舊學裏頭很重要的一件事。」〔註4〕我們要研究徐渭書法，亦有必要對署名徐渭的著述進行考察，據徐崙著《徐文長》統計署名徐渭的著述多達 41 種〔註5〕，許多附會之作也有待澄清。其中有書法著述兩種：《玄抄類摘》和《筆玄要旨》。它們是否確爲徐渭編著，今天尚無統一的認識，本文擬對其是非問題作進一步的探討。

一、《玄抄類摘》考論

徐渭寫過《玄抄類摘序》，其中明確表示自己要編《玄抄類摘》，其著作權歸屬徐渭應該沒有疑問，但近人余紹宋提出了「文長博雅不至鄙陋若是，或即汝元所爲而託於文長者」〔註6〕的觀點。梁披雲主編《中國書法大辭典》把《玄抄類摘》放在「書學叢輯」條目下，採用的是余紹宋的觀點。〔註7〕崔爾平點校的《明清書法論文選》介紹《玄抄類摘》：「係徐渭纂輯前人書論而成，多爲節錄。陳汝元補注。唯書前序言中徐氏闡發己意，有其獨到之處。」〔註8〕崔先生對於此書的態度亦有所保留。而陳滯冬著《中國書學論著提要》則根本就沒有列入此書〔註9〕，劉詩著《中國古代書法理論管窺》說：「其輯前人書論而成的《玄抄類摘》六卷。」〔註10〕沒有提出反對意見。此書的情況尚欠明朗，具體辨析如下：

〔註 4〕梁啓超《中國近三百年學術史》，上海三聯書店 2006，第 224 頁。
〔註 5〕徐崙《徐文長》，上海人民出版社 1962，第 231～235 頁。
〔註 6〕余紹宋《書畫書錄解題》卷八，北京圖書館出版社 2003。第 564 頁。
〔註 7〕梁披雲主編《中國書法大辭典》，香港書譜出版社、廣東人民出版社 1984，第 1964 頁。
〔註 8〕崔爾平點校《明清書法論文選》，上海書店出版社 1994，第 125 頁。
〔註 9〕陳滯冬《中國書學論著提要》，其《略例》曰：凡有疑問者注明「傳」，凡能證明爲僞託者注明「僞」，凡作者快名者按其內容反映的時代列入。從本書所收篇目涉及的範圍來看，不可能不知道《筆玄要旨》，作者可能是故意不錄此書。成都出版社 1990。
〔註 10〕劉詩《中國古代書法理論管窺》，江蘇教育出版 2003，第 395 頁。

1、《玄抄類摘》的版本

明萬曆十九年陳汝元編《書學大成》收書六種共十一卷，分別爲：明呂道燬撰《字學源流》一卷、明李淳撰《永字八法》一卷、明徐渭撰陳汝元補注《玄抄類摘》六卷、《書法三昧》一卷、《文房四譜》一卷、明豐坊撰《童學書程》一卷。此套書共分裝爲 4 冊，《玄抄類摘》爲 2 冊，每頁九行二十字，白口，四周雙邊，有刻工。〔註 11〕陳汝元沒有寫《書學大成》的總序，卻寫了《刻字學〈玄抄類摘〉敘》，敘曰：

> 古之工藝術者，始皆繇法，而詣至臻玄達聖，則往往機動神隨而沛然於法之外，此其人類賢豪才雋，挾高世之資不群之識而尋常碌碌輩，固所不能希也。即字書一藝，蒼籀而下，稱名家獨步者，悉才賢高等，不然亦緇素清流，彼其胸中不翳俗念、不點世梦，故揮灑處輒機動神隨，其妙至於奪天工而侔造化，蓋本色自形也。如止曰法耳，法耳則所謂撥鐙、錐印，諸家訣炳然具存，何工之有？至有不至即至矣，而欲求機動神隨如王逸少、懷素上人儔者，指竟不能多屈，謂之何耶？固知夫法者，跡也。緣法生法，與夫離法會法，臻玄而達聖者，則不以法而以天，必賢豪才雋乃可幾焉！吾鄉徐天池先生書法特妙，固世所推臻玄而達聖者，嘗纂輯《玄抄類摘》一書，未及脫稿而失之，予偶得，竊歎，爲先生去珠，而又切幸夫人遺人得把玩，若有所契於衷。顧其書，幾經抄錄先後失次，篇目混淆又不無所散佚，不揣陋愚爲序正而參補之。且僭揆先生初志，雅不欲自私也，因付之剞劂以惠四方，俾學書者知始繇法詣而終以天化，未必非臨池之助也。時皇明萬曆十九年歲在辛卯季春之閏，山陰後學陳汝元書於函山館。〔註 12〕

從《書學大成》所收書目涵蓋的多項內容可揣測陳汝元初衷，應該是爲學書人提供一套完整的書法理論書籍，《刻字學〈玄抄類摘〉敘》則表明他要

〔註11〕 〔明〕陳汝元編《書學大成》，明萬曆十九年（1591）函三館自刻本，如皇圖書館藏（下同）。《書法三昧》與《文房四譜》未標作者。陳汝元，字起侯，號太乙，別署燃藜仙客。今浙江紹興人。萬曆二十五年（1597）舉人，任陝西清潤知縣，四十五年任城堡廳同知。徐渭的學生，參與徐渭《徐文長三集》編訂。《徐朔方集》第 3 卷《晚明曲家年譜》有《陳汝元行實繫年》定其在世時間是 1572 前－1629 後。浙江古籍出版社 1993。第 519 頁。
〔註12〕 〔明〕陳汝元《刻字學玄抄類摘敘》，見陳汝元編《書學大成》徐渭纂輯陳汝元校《玄抄類摘》。

借助「書法特妙」且「推臻玄而達聖」的「吾鄉徐天池先生」的《玄抄類摘》以惠四方學書者，同時還可以達到推廣《書學大成》的目的。《字學源流》中收有張懷瓘的《十體書斷》，注曰：「見《類摘》，茲不重載。」可見此套書應該不分冊出售。據相關資料顯示，目前僅有如皋圖書館還保存完整的一套《書學大成》，另外北京圖書館還有藏《玄抄類摘》及清鳴野山房抄本。日本寶曆五年（1755）有《玄抄類摘》翻刻本。〔註13〕

2、《玄抄類摘》的體例及其內容編排情況

從徐渭《玄抄類摘序》可見他編寫《玄抄類摘》的初願及其理路：

> 書法亡久矣，所傳《書法鉤玄》及《字學新書摘抄》，猶足繫之也。然文多拙缺散亂，字多訛，讀之茫然，欲假之以繫猶亡也。余故為分其類，去其不要者，而稍注其拙、正其訛，苦無考解者，則闕之矣。大約書始執筆，執則運，故次運筆。運則書，書有法也，例則法之條也，法則例之概也，故次書法例，又次書法。書法例、書法，功之始也，書功則例與法之終也，故又次書功。功而不已，始臻其旨矣，故又次書致。書思，致之極也，故又次書思。書候，思之餘也，故又次書候。而書丹法微矣，附焉。書至此，可昧其原乎，故又次書原。書至此然後可以評人也，故又次書評。而孫氏《書譜》大約兼之，故終以譜。

> 自執筆至書功，手也，自書致至書丹法，心也，書原，目也，書評，口也，心為上，手次之，目、口末矣。余玩古人書旨，雲有自蛇鬥、若舞劍器、若擔夫爭道而得者，初不甚解，及觀雷大簡雲，聽江聲而筆法進，然後知向所云蛇鬥等，非點畫字形，乃是運筆。知此則孤蓬自振，驚沙坐飛，飛鳥出林，驚蛇入草，可一以貫之而無疑矣。惟壁拆路、屋漏痕、折釵股、印印泥、錐畫沙，乃是點畫形象，然非妙於手運，亦無從臻此。

> 手之運筆是形，書之點畫是影，故手有驚蛇入草之形，而後書有驚蛇入草之影；手有飛鳥出林之形，而後書有飛鳥出林之影。其

〔註13〕 王寶平主編《中國館藏和刻本漢籍書目》。本書統計顯示，國家圖書館、北京大學圖書館、瀋陽圖書館藏有日本翻刻本。杭州大學出版社 1995 年。西川寧、長澤規矩也同輯《和刻本書畫集成》第二集也全文收錄日本翻刻本，東京汲古書院 1978。

他蛇鬥、舞劍，莫不皆然。準之刀戟矛矢之中人，必如何把握擬擲，而後中人之身也有如何之傷痕，鈍則不入，緩則不中，偏傲則不決不裂。故筆死物也，手之支亦死物也，所運者全在氣，而氣之精而熟者爲神。故氣不精則雜，雜而馳，而不雜不馳則精，常精爲熟，斯則神矣。以精神運死物，則死物始活，故徒託散緩之氣者，書近死矣！夫中人、傷人、決人、裂人，固存乎運氣之精強，然搋挪騰倒擺撥之藝，則在毫髮之挫衄，分杪之起伏。不然，則刀戟矛矢雖足以殺人，而魯鈍直野，非所謂庖丁解牛，「足之所蹻、肩之所倚，奏刀騞然，莫不中音，合於桑林之舞」者矣。萬曆元年春天池道人徐渭識。

此序第一段文字從思辨的角度探討書法學習由低級的執筆，到高級的書思、書候等各階段之間的相互關係，同時構思了本書的框架；第二段則在第一段論述的基礎上強調心對於手、目、口的統領作用，以及古人對點畫與運筆的描述，提出自己的看法；第三段則用形象的比喻說明精神與死物之間的關係，強調精神之氣是書法的靈魂，與第二段之「心」相呼應。這篇短文其實也有勸誡之意，要學書之人，不要拘泥於形而下的手、眼，要多讀古人書論以致能以神交，才能中音、合舞。如果按照徐渭設想的構架來看，《玄抄類摘》應該按照「執筆、運筆、書法例、書法、書功、書致、書思、書候、書丹法、書原、書評、書譜」的順序編排，但實際情況卻稍有出入，余紹宋評曰：

> 其分類方法殊不可解，卷一分四項：一爲執筆法；二爲執筆、運筆、用墨、候紙、候文及書法；三爲執筆、運筆及書法；四爲運筆法。卷二分兩項：一爲書法例；二爲書法。卷三分爲五項：一爲書功；二爲書致；三爲書思；四爲書候；五爲書丹法。書功、書致又各有補遺。卷四爲書原及補遺。卷五分兩項：一爲書評及補遺；二爲書評兼書功。卷六爲孫過庭《書譜》。凌亂複雜，絕無義例可循。即如卷一第二項所包甚廣，而僅摘錄衛夫人《筆陣圖》末段數行，似皆就文而列類，初非先分類而後摘文，然又何爲割裂成文分列數類。故曰：不可解也。〔註14〕

〔註14〕余紹宋《書畫書錄解題》卷八，北京圖書館出版社 2003。第 563～564 頁。余紹宋所見爲鳴野山房抄本。

　　從通篇來看《玄抄類摘》並沒有脫離徐渭原定編排思路，但因重複、補遺等條目參入，確實顯得「凌亂複雜」。之所以會出現這種問題，從陳汝元的序可見其端倪，因徐渭「未及脫稿而失之」，又「幾經抄錄，先後失次，篇目混淆又不無所散佚」所致，經陳汝元修訂才為今日之面目，也就是說因陳汝元修補不力所致。

　　本書的內容，余紹宋認為：「至所摘諸書，不出《書苑菁華》所載唐宋以前短篇及諸僞作，絕少增輯。」〔註15〕這一說法不太準確，實際上其來源很簡單，《玄抄類摘序》中已經交待，「所傳《書法鉤玄》及《字學新書摘抄》，猶足係之也。」《四庫全書總目提要》對兩書評價都不高，認為它們僅僅是略具梗概的前人論書之語。〔註16〕以今存王世貞《王氏書苑》本《書法鉤玄》為例，其中很多段落，都標注「另見」，而此書並沒有再現這些內容，實際就是闕如，如卷一之衛夫人《筆陣圖》、王右軍《筆陣圖後》、庾元威《論書》；卷二之孫過庭《書譜》、張懷瓘《十體書斷》。這些缺編內容在陳汝元刊刻《玄抄類摘》之際都得以補全。

　　筆者把《玄抄類摘》的目錄與《書法鉤玄》及《字學新書摘抄》做了詳細比對，確如徐渭序中所言，只有董內直《書訣》和《衍極·書法傳流之圖》兩目不在其中，其他基本錄自上述兩書，但在編目過程中也會有所調整，如《字學新書摘抄》之蔡氏《神授永字八法集論》，在《玄抄類摘》裏則改為《翰林禁經·永字八法》等。〔註17〕《玄抄類摘》未收的篇目有《書法鉤玄》卷一之梁武帝《答陶隱居論書》、虞世南《筆論》、歐陽詢《八訣》、白雲先生《書訣》；卷二之李陽冰《論古篆》、柳公權《筆諫》、李華《論書》；卷四之韓愈《送高閑上人序》、鈕約《評書》、《「永字八法」詳說》、張南軒《評書》。《字

〔註15〕余紹宋著《書畫書錄解題》卷八，北京圖書館出版社 2003 年版。第 564頁。

〔註16〕《四庫全書總目提要》卷一百十四，《書法鉤元（玄）》四卷：「是書取前人論書之語，始漢楊雄終宋劉辰翁，凡六十五條略具梗概，未為該備，其去取亦未精審。」《字學新書摘抄》一卷：「是編摘錄古人論書之語，分四目，曰六書，曰六體，曰書法，曰書評，簡略殊甚。」文淵閣《四庫全書》本。

〔註17〕〔元〕蘇霖《書法鉤玄》四卷，見王世貞編《王氏書苑》卷六，參見盧輔聖主編《中國書畫全書》第二冊，上海書畫出版社1993（下同），第920頁。蘇霖，字子啓，鎮江人。生平事蹟未詳。〔元〕劉惟志《字學新書摘抄》，見詹景鳳繼編《王氏書苑補益》本，參見盧輔聖主編《中國書畫全書》第二冊，第946頁。

學新書摘抄》之劉靜能《論書》〔註18〕。

校對《玄抄類摘》與《書法鉤玄》條目的具體內容，也會稍有差別，如王右軍《書說》條：「書字貴乎平穩……」就比王氏本《書法鉤玄》多出「大約要遲分數多，急分數少也，曲直等亦然」數字。其中「若遲筆急牽」一句，與《王氏書苑》本《書法鉤玄》相同，在其他如《書苑菁華》等版本中均作「若直筆急牽」，可見《玄抄類摘》與《王氏書苑》本之間可能存在某種淵源關係。

《玄抄類摘》在修訂過程中亦存有明顯的錯誤，如卷一署名為盧雋《臨池訣》一條，實際上是唐韓方明《授筆要說》和盧雋《臨池訣》兩條，被錯誤合併成一條，而《書法鉤玄》中則是分開的兩條，這應該是在「篇目混淆」後沒有校正所致。

3、《玄抄類摘》加注內容與編修情況

綜觀《玄抄類摘》各條目加注情況：卷一共 16 條，其中 14 條加注；卷二共 22 條，其中 16 條加注；卷三共 24 條卷，只有 2 條加注；卷四共 9 條卷，5 條加注；卷五共 32 條卷，有 2 條加注；卷六共 1 條，沒有加注。從加注的具體內容來看，前兩卷加注多而且細密，如卷一張懷瓘《論執筆》有 4 處加注；盧雋《臨池訣》有 8 處加注。第三、五、六卷都極少加注，即使加注，其內容也比較簡略，如卷五兩條，一是姜堯章《續書譜》條「草出於章」後加注：「章謂章草。」二是米元章《又書評》後加注：「友仁、尹知並米芾之子。」從加尾注的情況來看，也是越往後越少，卷一加 7 條尾注，卷二 2 條，卷三 1 條，卷四 1 條。由加注情況推論「未及脫稿而失之」的情形，徐渭可能連一半還完成，或許是連編排也沒有做好就已經散佚。卷三之《書思》、《書候》、《書丹法》標題下，都只有 1 條內容，也可能是陳汝元為補全徐渭序言所定體例而補的。從「拾遺」部份的條目來看，作注也較少。徐渭原本就能未完稿，陳汝元修訂又未能征求徐渭意見，故導致此書不能得以進一步的完善。

崔爾平先生說《玄抄類摘》「唯書前序言中徐氏闡發己意，有其獨到之處」，是不太恰當的。徐渭所加之注也應該看作是本書重要的組成部份，如卷

〔註18〕　〔元〕劉惟志《字學新書摘抄》中劉靜能《論書》應為劉能靜《論書》，劉有定，字能靜，號原範，莆田人。曾為鄭杓《衍極》作注，此條即為其注之內容。「籀文而上，吾無間然。斯、邈作而趨簡便……怪誕百出，書壞極矣。」盧輔聖主編《中國書畫全書》第二冊，第 951 頁。

一盧雋《臨池訣》後注曰：「錐畫沙是瘦字，乃骨中有肉；印印泥是肥字，乃肉中有骨。」「觀《臨池訣》剛柔之義，則錐畫沙當是勁筆澀行而字畫勁淨者也；印印泥當是軟筆宜紙濃墨而字畫肥潤者也。」卷三蘇東坡《書說》的尾注：「聽江聲筆法進，此豈是點畫形象？觀此則蛇鬥、劍器可推矣！」這些內容與書前自序第二段文字就互為表裏，錐畫沙、印印泥等論書之名言，很少有人解釋清楚，而徐渭的闡釋就很有創意。

卷四鄭子經《衍極‧天五篇》原文是：「夫善執筆則八體具，不善執筆則八體廢。寸以內法在掌指，寸以外法兼肘腕。掌指，法之常也；肘腕，法之變也。魏晉間帖，掌指字也。」徐渭注曰：「論寸以內、外論字大小耶？抑執管高下耶？然寸以內之字小，自然執管下而法在掌指；寸以外字大，自然執高而法在肘腕。觀張懷瓘掣三寸牽三寸之說，則寸以外，寸以內還只當作執筆高卑說，然執筆高卑而字之大小自在其中矣。」徐渭認為字之大小自會影響執筆的高低，執筆高低和字之大小之間是互為表裏，讓學書者不要過份糾結於掌指與肘腕，這一認識對於學書者也很有指導作用。

再如卷二蔡邕《石室神授筆勢》條後注曰：「觀此論始知『八法』所云趯筆、豎趯、戰行之澀進，皆篆隸之法，真、草、書無從用之。」這對我們正確認識「永字八法」適用的場合也很有幫助。卷二釋智果《心成頌》則有對原文內容的懷疑與指正，讓我們不要迷信古書，原文是：「孤單必大，一點一畫成其獨立者是也。重並乃促，昌、呂、棗、爻字上小，林、棘、絲、羽字左促，森、淼字兼用之。」注曰：「此說誤矣，所云『重並乃促』謂重字、并字仍須促，亦對上文『孤單必大』之義，即『昌、呂』亦宜促，不特『林、棘』等促左也。今一云『促』，一云『小』，豈非誤乎？」

這些批註，都是徐渭從學書經驗中得來，怎能說沒有其獨到之處呢？只是本書未能完稿，批註還顯得不夠豐富而令人遺憾。此外，注文內容也存在一些不太合理的地方，對不同版本文字的異同，僅作標注，卻不辨正誤。如卷二衛夫人《筆陣圖》條有：「蔡尚書入鴻都觀碣十旬不返，嗟其出群。」注為「羞一作嗟」。此處應為「嗟歎」之意，「羞」當為誤。「才記姓名，或學不談贍聞見又寡，致使成功不就，虛費精神」句。注為「談一作該」。此處應該是「該贍」，詳備豐富的意思，「談」當為誤。此類問題，處理方法有不盡相同，如卷四《張懷瓘十體書斷》對「漢靈帝熹平年」加眉批說明其問題：「唐本作嘉平誤」。

何爲徐渭原注，何爲陳汝元補注，刻本並未明確區分，但從行文習慣來看，眉批都是標注版本之別，沒有體現任何書學觀念的內容，或許是陳汝元所爲。

4、徐渭未能審閱《玄抄類摘》刊本的原因蠡測

《玄抄類摘序》寫於萬曆元年春，當時徐渭剛出獄，《徐文長逸稿》卷二有詩云：「我係六年今始出。」〔註19〕隆慶六年還在獄中，這年除夕才得以釋歸。據《紹興府志》：「（徐渭）素工書，既在縲絏，益以此遣日。於古法書多所探繹其要領，主用筆，大率歸米芾之說。工行草、眞，有快馬斫陣之勢。」〔註20〕因「以此遣日」，故多有心得，書法功力見長，從入獄期間的書法作品來看也是如此，故欲編《玄抄類摘》以惠後學，應該是滿懷激情的。不知何因丟失手稿，又因丟失而放棄，沒有重新編寫。陳汝元說此書是「先生去珠，而又切幸夫人遺人得把玩。」作爲學生，這樣的「大喜事」卻並未提及與徐渭分享，不太合乎情理。是否因爲徐渭健康問題而不便過問此事呢？《紹興府志》云：

> 徐渭亦邑人，少有俊才，工古文，能聲詩，諸生每賦試則高等，而鄉書不薦。武進薛憲副薛應旗督學浙中，大奇之，名益起。……胡公事漸解，諸公惜其才，營救之，會赦免，遂與修志。已，去遊燕，無何疾復作，奔還家，廢。〔註21〕

徐渭自幼聰慧，才學過人，自著《畸譜》對其一生重要經歷都有記載，「去遊燕」的記載是：「六十一歲。是年爲辛巳（萬曆九年），予週一甲子矣。諸崇兆復紛，復病易，不穀食。」〔註22〕由此看來，在《玄抄類摘》刊印前一段時間，徐渭人生中確實發生過不同尋常的事情。張汝霖《刻徐文長佚書序》亦有描述：「既以狂遭鄘炎之獄，先文恭（張元忭）力救得出，出而益自放。間嘗入長安，苦不耐禮法，遂去，走塞上，與射雕者競逐於虜騎煙塵所出沒處，縱觀以歸。歸則棹戶，不肯見一人，絕粒者十年許，挾一犬與居。」序又

〔註19〕 〔明〕徐渭《除夕通宵飲吳景長宅，時久係初出》詩，見《徐文長逸稿》卷二，《徐渭集》第 723 頁。

〔註20〕 〔明〕張元忭、孫鑛主持修纂萬曆十五年（1587）《紹興府志》卷五十《序志》。第 3332 頁。

〔註21〕 萬曆十五年《紹興府志》卷五十《序志》。第 3331～3333 頁。

〔註22〕 〔明〕徐渭《畸譜》，《徐渭集》第 1330 頁。

雲，文長弔其父喪，「樑戶十年，裁此一出。」〔註23〕陶望齡撰寫《徐文長傳》也說：「時絕穀食者十餘歲。」〔註24〕張元忭是營救徐渭出獄的恩人，他在主編萬曆十五年《紹興府志》，其時用一個「廢」字來形容徐渭的生活狀態，似乎是道出了張元忭為徐渭惋惜的心聲。

從萬曆九年以後到萬曆十九年，徐渭身體剛好處於不太健康的特殊時期。但從相關資料來看，徐渭「絕粒」期間並非就此廢了文墨之事，如：萬曆十一年，為張元忭代作《呂尚書行狀》；張元忭母生日，為張母作《生朝詩》；萬曆十二年諸暨重修縣學，「始萬曆癸未之十月，閱三月乃落。」作《諸暨學記》〔註25〕。知府蕭良幹重修三江閘，代作《閘記》等。〔註26〕萬曆十九年還有畫作，《題史甥畫卷後》云：「萬曆辛卯重九日，史甥攜豆酒河蟹換餘手繪。時病起，初見無腸，欲剝之劇，即煮酒以啖之。偶有舊紙在榻，潑墨數種，聊以塞責，殊不足觀耳。天池山人徐渭書於葡萄最深處。」〔註27〕徐渭身體一直不好，不常作詩文也是事實，曾作《孝子詩》：「臥病十經春，毛錐久不親。偶然逢孝子，忽復作詩人。」〔註28〕徐渭之病，並非病到不能看文稿寫文字的程度，如果確如陳汝元所言歷經曲折才復得的書稿，他有何藉口要「僭揆先生初志」，卻不讓其過目而擅自出版呢？筆者以為，經過改造的《玄抄類摘》可能與徐渭原計劃中《玄抄類摘》差異較大，如果不符合徐渭本意，徐渭又無力修改，或許會阻撓其出版，是否為陳汝元有意迴避不讓徐渭審閱也不是沒有可能。

余紹宋說：「文長博雅，當不至鄙陋若是，或即汝元所為而託於文長者。」〔註29〕這一判斷有其合理成分，但並不能認為此書是陳汝元向壁虛造。其所得書稿「篇目混淆又不無所散佚」應是實情，《玄抄類摘》雖然不是完美的修補本，但後人畢竟可以從序言與加注中領略其部份精彩內容。陳汝元刻書亦有可能存在書商角色的隱情，但其主編《書學大成》的內容基本屬於今存最

〔註23〕 〔明〕張汝霖《刻徐文長佚書序》，見張岱輯《徐文長逸稿》，《徐渭集》第1350頁。

〔註24〕 〔明〕陶望齡《徐文長傳》，《徐渭集》第1340頁。

〔註25〕 〔明〕徐渭《徐文長逸稿》卷十九，《徐渭集》第999頁。

〔註26〕 參見《徐朔方集第3卷晚明曲家年譜》之《徐渭年譜》，浙江古籍出版社1993，第182頁。

〔註27〕 〔明〕徐渭《徐文長逸草》卷二，《徐渭集》第1095頁。

〔註28〕 〔明〕徐渭《徐文長逸稿》卷三，《徐渭集》第731頁。

〔註29〕 余紹宋《書畫書錄解題》卷八，北京圖書館出版社2003。第564頁。

早刻本，對保存一些古籍還是有功的。〔註30〕

二、《筆玄要旨》考論

《四庫全書總目提要》對《筆玄要旨》的評論：「是編論書，專以運筆為主，大概昉諸米氏。」〔註31〕這一評論與萬曆十五年《紹興府志》對徐渭書法「主用筆，大率歸米芾之說」〔註32〕的評論相似，事實上與《筆玄要旨》的內容並不完全一致。持相似觀點的有崔爾平，其點校的《明清書法論文選》介紹《筆玄要旨》亦說：「乃徐氏論書之作，專以運筆為主。」〔註33〕沒有提出反對意見。從相關專著〔註34〕，以及眾多的書法史著作多有援引的情況來看，也說明了他們並非持反對的立場。但陳滯冬在《中國書學論著提要》中對《筆玄要旨》提出疑問，認為其為偽作：「徐渭著（偽）。……斤斤計較於細小枝節，似不當出自徐渭之手。」〔註35〕持有相近觀點的有劉詩著《中國古代書法理論管窺》：「且斤斤計較小節，……人們斷為偽託，似可信。」〔註36〕陳志平編著《書學史料學》對《筆玄要旨》也持相同觀點。〔註37〕關於此本之是非，具體辨析如下：

1、《筆玄要旨》版本及其序言

上海博物館藏《筆玄要旨》是明萬曆三十二年（1604）淵雅堂據浙江汪啟淑家藏本刻印。署名山陰徐渭纂輯、長水諸夏評、朱象衡輯補，今編

〔註30〕 王寶平《胡文煥叢書考辨》，萬曆間胡文煥編「百家名書」和「格致叢書」兩類叢書中有很多重出。其「百家名書」中也有《新刻字學源流》、《新刻書法三昧》、《新刻文房四譜》三書。王寶平認為胡文煥刻書大約在萬曆二十年到萬曆二十五年間。《中華文史論叢）》2001年第1輯。第134～136頁。萬曆十九年陳汝元編《書學大成》中的《永字八法》和《童學書程》亦為今存最早刻本。

〔註31〕 《四庫全書總目提要》卷一百十四，文淵閣《四庫全書》本。

〔註32〕 萬曆十五年《紹興府志》。臺灣成文出版社1983，第3333頁。

〔註33〕 崔爾平點校《明清書法論文選》，上海書店出版社1994。第125頁。

〔註34〕 梁一成《徐渭的文學與藝術》，臺北藝文印書館中華民國六十六年（1977）；駱玉明、賀聖遂著《徐文長評傳》，浙江古籍出版社1987；李德仁《徐渭》（明清中國畫大師研究叢書），吉林美術出版社1997；王家誠《徐渭傳》，百花文藝出版社2008；周群、謝建華著《徐渭評傳》（中國思想家評傳叢書）南京大學出版社出版2011。

〔註35〕 陳滯冬《中國書學論著提要》，成都出版社1990，第173頁。

〔註36〕 劉詩《中國古代書法理論管窺》，江蘇教育出版2003，第395頁。

〔註37〕 陳志平《書學史料學》，人民美術出版社2010，第99頁。

入《四庫存目叢書》子部〔註38〕。另有南京圖書館藏清楊兆瑛抄《筆玄要旨》一卷。

筆者校對上海博物館藏淵雅堂刻本和南圖抄本，所見內容相同，每頁行數及每行字數，甚至文中的圈點符號都與刻本相同。淵雅堂本《筆玄要旨》刊刻時間晚於《玄抄類摘》13年，此書借用了《玄抄類摘序》的全文，用「敘略」二字作爲標題，因缺頁而不完整（正文亦有缺頁），《玄抄類摘序》的原款是「萬曆元年春天池徐渭識」，淵雅堂刻本序言末尾則僅署「高自積書」。南圖抄本序言結尾既無「高自積書」，也無年款，在末尾另起一行加了「徐天池《筆玄要旨》敘終」的字樣。筆者推斷，南圖抄本應該是抄錄於比較完整的淵雅堂刻本。筆者以爲徐渭不至於編了一本書還要吝嗇到少寫一篇序。如果說因徐渭去世而未能爲此書作序，那麼編者應該對此書的來歷有所交代，但此本只有諸夏評、朱象衡輯補的字樣，所謂評，可能是指仿《玄抄類摘》的小字加注，所謂補亦不知爲何內容，更不知爲何要補，也給人一種原稿不全的感覺，但從書中找不出任何與原稿相關的信息，也就是說此書來歷不明。

《四庫全書總目提要》對其編者朱象衡有介紹：「《筆道通會》一卷，明朱象衡編。象衡字朗初，秀水人。是編推廣徐渭《筆元（玄）要旨》而作，中多述豐坊之語。華亭唐文獻爲之序，末有象衡自跋云：『余性稍慧於法書名跡，辨之不爽毫髮。』其言頗近於誇米芾、黃伯思精鑒入神，論者尚有同異，此事談何容易乎？」〔註39〕今見《四庫全書存目叢書》子部所輯《筆道通會》卷一署爲桃李項道民、長水朱象衡、關西許光祚同輯。卷二署爲陽羨俞安期、長水朱象衡、天台黃維楫同輯。〔註40〕從編排與刻印方式與《筆玄要旨》相似，甚至版心刻「筆通」與《筆玄要旨》之「筆要」也相同，不得不懷疑《筆玄要旨》與《筆道通會》都是朱象衡所爲。試舉一例，《筆道通會》開篇就有「豐道生曰：作字須讓左側右。又曰：意前筆後。勒、側皆畫也，而有異焉。勒則兩頭下而中高，如覆舟樣當使之回；策如鞭策，須兩頭高而中下，當急使之進。」〔註41〕這段話在豐坊《童學書程》中是《論用筆》一節：「學書者

〔註38〕〔明〕徐渭《筆玄要旨》，《四庫全書存目叢書》子部71。齊魯書社1995（下同）第846～880頁。

〔註39〕《四庫全書總目提要》卷一百十四，《筆道通會》一卷兩淮鹽政採進本，明朱象衡編。實際爲兩卷，署名編者也爲多人。文淵閣《四庫全書》本。

〔註40〕〔明〕朱象衡等輯《筆道通會》，北京圖書館藏明刻本，《四庫全書存目叢書》子部72。齊魯書社1995，第98～118頁。

〔註41〕〔明〕朱象衡等輯《筆道通會》，《四庫全書存目叢書》子部72。第98頁。

必先審於執筆。雙鉤懸腕，讓左側右，虛掌實指，意前筆後，此口訣也。用筆必以正鋒爲主，又不必太拘。隱鋒以藏氣脈，露鋒以耀精神，乃千古之秘旨。」〔註42〕《筆道通會》只是截取其中的「讓左側右」和「意前筆後」，其他則另有出處，亦非原文。〔註43〕其他書論也多用此方式呈現，名爲輯錄，實際是改編的，與《筆玄要旨》的行文方式相似。其資料從哪裏輯來，沒有目錄與標題，正文也沒有交代。所謂某人評、某人輯補也都是在打無法指實原作者的擦邊球。《四庫全書總目提要》說「是編（爲）推廣徐渭《筆元（玄）要旨》而作」，不知何據。《筆玄要旨》刊刻的時候，正是明代浙江私家刻書興盛時期，又是袁宏道等人宣傳徐渭，其名聲處於上升的時期，故筆者初步推斷《筆玄要旨》，是借徐渭之名，而行書商之實的刻本。

2、《筆玄要旨》的内容

《筆玄要旨》與《玄抄類摘》相比，其主要内容有相近之處，都輯錄前代書論資料，《玄抄類摘》重在編排，而《筆玄要旨》則缺乏條理，其對原始材料加工的痕跡也比較明顯，在摘錄前人書論的過程中，不僅常常省略原作者，且多作改編，有些内容甚至改變了作者本意，或者過於簡略，不利於對原文的理解。筆者僅就其中部内容作辨析，用以說明此書特點及其問題所在。

（1）《論執管法》的冠名問題

與《玄抄類摘》一樣，把前人書論按照自己思考重新整理編排，也不失爲一種表達個人書學理念的一種方式，而《筆玄要旨》中的《論執管法》〔註44〕卻被《佩文齋書畫譜》、倪濤《六藝之一錄》、萬經《分隸偶存》載入且名之爲「明徐渭《論執管法》」，難道其中有「徐渭」的眞知灼見嗎？爲方便閱讀，與前人書論列表對比如下：

《筆玄要旨》之《論執管法》	前人書論選錄
凡執管須識淺（去紙淺）深（去紙深）長（筆頭長以去紙深也）短（筆頭短以去紙淺也）。	（唐）孫過庭：執，謂深淺長短之類是也。（宋陳思《書苑菁華》卷八孫過庭《書譜》，文淵閣《四庫全書》本，下同）

〔註42〕 〔明〕豐坊《童學書程》，碧琳琅館叢書本。

〔註43〕 〔明〕潘之淙撰《書法離鉤》卷五有：「俗雲短畫，短畫之祖策法也。仰筆趯鋒輕抬而進，有如鞭策之勢，故言策，不言畫。異於勒，勒則兩頭下而中高；策則兩頭高而中下，如夫、天之類，凡短畫皆策也。」文淵閣《四庫全書》本。

〔註44〕 〔明〕徐渭《筆玄要旨》，《四庫全書存目叢書》子部71冊，第847頁。

眞書之管，其長不過四寸有奇，須以三寸居於指掌之上，只留一寸一二分著紙，蓋去紙遠則浮泛虛薄，去紙近則搵鋒（是好處）勢重，若中品書，把筆略起，大書更起。草訣云：須執管去紙三寸一分。當明字之大小爲淺深也。	（晉）傳衞夫人：眞書當去筆頭一寸二分、行草書去筆頭三寸一分執之。（明徐一夔等編《明集禮》卷四十七傳衞夫人《筆陣圖》，文淵閣《四庫全書》本）
	（晉）傳衞夫人：凡學者書字先執筆眞書一寸二分，行草書去筆頭三寸一分執之。（明唐順之《稗編》卷七十八傳衞夫人《筆陣圖》，文淵閣《四庫全書》本）
	（唐）虞儁：把筆淺深在去紙遠近，遠則浮泛虛薄，近則搵鋒體重。（宋陳思《書苑菁華》卷十九虞儁《臨池訣》）
執管之法，須置管於大指中節之前，不得當節，以礙其運動，須要居於動靜之際。	（唐）徐公（璹）：今人皆置筆當節，礙其轉動。（宋陳思《書苑菁華》卷二十唐韓方明《授筆要說》）
書法所云：拓大指者，大約當以筆在指端，運動適意，則騰躍頓挫，生意出焉。若當節則掌握如樞，每每不得自由，轉動必礙，凡迴旋處多成棱角，筆死矣，安望字之生動乎。	（唐）張懷瓘：然執筆亦有法，⋯⋯筆在指端則掌運動適意，騰躍頓挫，生氣在焉！筆居半指則掌實，如樞不轉，掣豈自由？轉折旋回乃成棱角。筆既死矣，寧望字之生動？（宋陳思《書苑菁華》卷十二張懷瓘《六體書論》）
略略以食指齊其中指，兼助爲力，指自然實。世俗皆以單指苞之，單鉤則肘臂著紙，力不足而無神氣，便有拘局而不放浪的意，自必以雙指苞管，蓋撮中指而斂食指以助之者也。雖云要齊，又不必十分牽之使齊，亦要有自在意思方得，正所謂雙苞而實指者。夫雙苞則堅，堅則掣打勁利。齊指則實，實則筋力均平。	（唐）徐公（璹）：⋯⋯以頭指齊中指，兼助爲力、指自然實，掌自然虛。雖執之使齊，必須用之自在。世俗皆以單指苞之，則力不足而無神氣，每作一畫點，雖有解法便當使用不成，惟平腕雙苞，虛掌實指，妙無所加也。（宋陳思《書苑菁華》卷二十唐韓方明《授筆要說》）
又以名指拒前三指，所執之管，更以小指拒前名指。 雖用大中食三指著力，亦須五指共執，令掌心虛如握卵。拳若實，掌便能絕其力勢。 拳須虛，則運用便易轉側圓順，此正所謂虛拳者也。	（唐）韓方明：第一執管，夫書之妙在於執管，既以雙指苞管，亦當五指共執，其要實指虛掌。（宋陳思《書苑菁華》卷二十唐韓方明《授筆要說》） （唐）虞儁《臨池訣》：用筆之法，拓大指撅中指，斂第二指拒名指，令掌心虛如握卵，此大要也。（宋陳思《書苑菁華》卷十九虞儁《臨池訣》）

把腕來平平挺起，凡下筆點畫波擎屈曲，皆須盡一身之力而送之。	（唐）虞傴：腕須挺起，黏紙則輕重失準。（宋陳思《書苑菁華》卷十九虞傴《臨池訣》）
古人貴懸腕者，以可盡力耳。大小諸字，古人皆用此法。若以掌貼桌上，則指便黏著於紙，終無氣力，輕重便當失準，雖便揮運，終欠圓健。蓋腕能挺起，則覺其豎，腕豎則鋒必正，鋒正則四面勢全也。	（唐）李世民：大抵銳豎則鋒正，鋒正則四面勢全，次實指，指實則節（宋陳思《書苑菁華》卷十九唐太宗《筆法訣》）
近來又以左手搭桌上，右手執筆按在左手背上，則來往也覺通利，亦自覺能懸，此則今日之懸腕也，比之古法非矣。然作小楷及中品字小草猶可，大眞大草必須高懸手書，如人立志要爭衡古人，大小皆須懸腕，以求古人秘法，似又不宜從俗矣。	枕腕者，以左手枕右手腕而書之；提腕者，肘著案虛提手腕而書之；懸腕者懸著空中而書之。枕腕以書小字，提腕以書中等字，懸腕以書大字。（徐一夔等編《明集禮》卷四十七《書法》，文淵閣《四庫全書》本）
執之雖堅，又不可令其大緊，使我轉運得以自由。 大凡執緊必滯，今既居大指節前，微而側向於前矣。又須執之使寬急得宜，不可一味緊執，蓋執之愈緊則愈滯於用故耳。	（唐）徐公（璹）：執筆於大指中節前，居動轉之際，以頭指齊中指，……必須用之自在。今人皆置筆當節，礙其轉動，拳指塞掌，絕其力勢。況執之愈急，愈滯不通，縱用之規矩，無以施爲也。（宋陳思《書苑菁華》卷二十唐韓方明《授筆要說》）
又云：善書者不在執筆太牢，若浩然聽筆之所之而不失法度乃爲善矣。（此草書法，眞亦可以棚通者。） 大要執之雖緊，運之須活，不可以指運筆當以腕運筆，故執之在手，手不主運，運之在腕，腕不知執。	（北宋）蘇軾：善書者不在筆牢，浩然聽筆之所之而不失法度乃爲得之。（蘇軾《東坡題跋》卷四《書所作自字後》，《叢書集成初編》） （唐）韋榮夫：搦破管，畫破紙，藏鋒結體。最要執之以緊，運之以活，不可以指運筆。執之在手，手不主運，運之在腕，腕不知執。（元盛熙明撰《法書考》卷三，文淵閣《四庫全書》本）
執雖期於重穩，用必在於輕便。然而輕則須沉，便則須澀。其道以藏鋒爲主，若不澀，則險勁之氣無由而生。至於太輕不沉，則成浮滑，浮滑則俗。	（唐）張懷瓘：夫執筆在乎便穩，用筆在乎輕健，故輕則須沉，便則須澀，謂藏鋒也。不澀則險勁之狀無由而生也，太流則便成浮滑，浮滑則是爲俗也。（宋陳思《書苑菁華》卷十二張懷瓘《六體書論》）

　　由表格所標重點文字可見《論執管法》與前人論書重複文字很多，並沒有顯示出個人獨特的觀點，這些比較雖不能證明《筆玄要旨》是否爲徐渭編著，只能說明《論執管法》並非個性鮮明的論書文字，如果冠名徐渭，則名不副實。

（2）《七字書訣》對《玄抄類摘》的抄襲與篡改

徐渭在《玄抄類摘》卷一之《錢若水敘陸希聲筆法》後加注曰：「運筆之法自二字訣轉為四字，四字轉為五字，五字轉為七字。」《玄抄類摘》卷一運筆法中徐渭加注的三條書論對此亦有闡釋，具體是李華《論書》中，徐渭對「截、拽」，注曰：

> 此二字訣，截橫、拽直，八法中掠即截之謂，磔即拽之謂也。

林韞《撥鐙法》中，徐渭注「推、拖、撚、拽四字訣」曰：

> 此四字訣，推，橫也；拖，豎也；撚，掠也；拽，磔也。

李後主《書述》後注：

> 撅音咽，大指運法作側用之，蓋撅猶捺也。唐詩云「撅笛傍宮牆」〔註45〕，蓋捺笛用大指。壓，中指運法，作橫用之，即《永字詳說》中所云以筆心壓之是也；鉤亦中指運法，作努、豎用之；揭，抬腕法，作策、啄用之；抵，名指運法，作趯、作諸戈用之。導，撚向懷中來，以掠用之。送，揭向右邊去，作磔用之。自鉤以下五法甚明，不引證也。

《筆玄要旨》中對「七字」來歷亦有說明：「此鍾元常、衛夫人及二王秘法以傳歐、虞、褚、陸者。」這句文字後加有按語：

> 陸希聲得筆法凡五字，曰：撅、壓、鉤、揭、抵。能用筆雙鉤則點畫道勁而盡妙矣，謂之拔鐙法。以授罃光，光入長安為供奉，李後主又增二字，曰「導」、「送」，其後尹希左得之，其書絕妙。
> 〔註46〕

既然《筆玄要旨》已經很清楚這「七字」不是徐渭的專利，為何《佩文齋書畫譜》與《六藝之一錄》中都以「明徐渭《七字書訣》」來命名呢？從其文字內容來看確實與前人的解釋有所不同，為清楚《筆玄要旨》與《玄抄類摘》之間的關係，筆者把相關內容列表比較如下：

〔註45〕〔唐〕元稹《連昌宮詞》有：「李謨撅笛傍宮牆，偷得新翻數般曲。」作者自注云：「玄宗嘗於上陽宮夜後按新翻一曲，屬明夕正月十五日潛遊燈下，忽聞酒樓上有笛奏前夕新曲，大駭之。明日，密遣捕捉笛者詰驗之。自云：『其夕竊於天津橋玩月，聞宮中度曲，遂於橋柱上插譜記之。臣即長安少年善笛者李暮也。』玄宗異而遣之。」厭，按也。元稹撰《元氏長慶集》卷二十四，文淵閣《四庫全書》本。

〔註46〕〔明〕徐渭《筆玄要旨》，《四庫存目叢書》子部72冊，第859頁。

《翰林要訣》對八字的解釋	《玄抄類摘》李後主《書述》注	《筆玄要旨》之《徐渭〈七字書訣〉》	《玄抄類摘》卷二選編的《永字八法》詳說選錄
撇，大指骨上節下端用力欲直如提千鈞；	撇音咽，大指運法作側用之，蓋撇猶捺也。唐詩云「撇笛傍宮牆」，蓋捺笛用大指。	撇（、也），凡撇之法，蓋用大指捺（撇猶捺也）之，作側（斜點）當用大指抵。側者，側下其筆，使墨精暗墜，徐乃反揭，則棱利也。側須收，貴謹而重，其要須右揭其腕，次輕蹲其鋒，取勢緊則乘機頓挫，借勢出之。要棱角，忌圓平。貴通變，疾則失中，超又成俗。借勢輕揭潛出，務於勒也。雖疊點亦自有法，不與此同。（撇音咽，是點永字第一筆。）	側不得平其筆，當側筆就右為之。口訣云：凡（先）右揭其腕，次之蹲其鋒。取勢緊則乘機頓挫，借勢出之。疾則失中，過又成俗。……故側不險則失於鈍，鈍則芒角隱而書之神格喪矣。筆訣云：側者，側下其筆，使墨精暗墜，徐乃反揭，則棱利矣。
壓，捺食指著中節旁，此上二指主力捺手按；	壓，中指運法，作橫用之，即《永字詳說》中所云「以筆心壓之是也」。	壓，一也。凡壓之法，作橫畫用此，乃中指運筆，以筆心壓者也。畫必勒，貴澀而遲，須以筆鋒先行，使中高而兩頭下，以筆心壓之，不得徒臥其筆。口訣云：勒之筆鋒將及於紙，須微進。先用仰策，次即迅收。若一出便去，揭筆不峻，趯遂暗收，則薄圓而疏，且無力矣。（畫也，永字第二筆。按，二字訣曰「截」；四字訣曰「推」。）	勒不得臥其筆，中高下兩頭，以筆心壓之。口訣云：頭傍鋒仰策，次之收。若一出揭筆，不趯而暗收，則薄圓而疏，筆無力矣。夫勒，筆鋒似及於紙，須微進仰策峻趯。
鈎，中指著指尖鈎筆令向下；	鈎亦中指運法，作努、豎用之。	鈎，亅也。作努豎用之，亦中指運法。蓋豎必努，貴戰而雄，努不宜直，直則無力，故其法須堅筆徐行，近左就勢而側鋒顧右，潛擢輕挫則揭。（永第三筆拖、拽。）	努不宜直其筆，筆直則無力，……夫努須側鋒顧右潛趯，輕挫其揭。……筆訣云：努筆之法，豎筆徐行，近左引勢，勢不欲直，直則無力矣。

揭，名指著指爪肉之際揭筆令向上；	揭，抬腕法，作策、啄用之。	揭，作策、啄用之，大指抬腕法也。大抵策須仰筆，將畫勢暗裏潛鋒，揭腕歸於右啄，須按筆蹲鋒，潛蹙於右，借勢收鋒，迅擲旋左。（一，永第五策；短ノ，永第七啄。）	策須⋯⋯口訣云：仰筆潛鋒以鱗勒之法，揭腕趯勢於右。潛鋒之要在畫勢，暗捷歸於右也。夫側筆仰鋒豎趯，微勁借勢，峻顧於掠也。有云：作側法即指抬筆上。⋯⋯口訣云：右上左之勢爲卷啄，按筆蹲鋒，潛蹙於右，借勢收鋒，迅擲旋左，須精險衄去之，不可緩滯。
抵，名指揭筆中指抵住；拒，中指鉤筆名指拒定，此上二指主運轉；	抵，名指運法，作趯、作諸戈用之。	抵，名指運法，作趯及諸戈用之。趯法須旁努豎挫衄，轉筆出鋒借勢趯之，使鋒澀出，期於倒收，若佇思消息，則神蹤不墜矣。訣云，爲環必鬱，貴蹙鋒緩轉也。諸戈法之謂也，戈必闊，貴遲疑而右顧，其法潛鋒暗勒，勢盡然後趯之，上則俯而過，下則曲而就。永師有澀出戈法，下以名指築上，上借勢以中指遣之。按筆至下，以名指衄鋒潛趯者也。又折芒法須潛鋒緊走，意盡乃收而趯之。若肥則質滯而鈍俗矣。	趯與挑一也，鋒貴於澀出，出期於倒收，所謂欲挑還置也。夫趯自努出，潛鋒輕挫，借勢而趯。⋯⋯挑者語之小異耳，以筆鋒去而言之，趯自努畫收鋒豎筆潛勁，借勢而趯。筆訣云：是即努筆下殺筆趯起也。法須挫衄轉筆出鋒，佇思消息，則神蹤不墜矣。
導，小指引名指過右；	導，撚向懷中來，以掠用之。	導，作掠用之，謂撚向懷中來，中指運法也。須迅其鋒，筆下左出而鋒利不墜，則自然佳矣。其法須右揭其腕，加以迅出，勢旋於左，法在澀而勁，意欲急而婉，若遲留則傷於緩滯矣。訣云，掣必掠貴險而勁。（掠也，永字第六筆，曰「導」，即「撚」之義。）	口訣云：撇過謂之掠，借於筆勢以輕駐鋒，右揭其腕，加以迅出，勢旋於左。法在澀而勁，意欲暢而婉，遲啙則傷於緩滯。⋯⋯筆訣云：從策筆下左出而鋒利不墜，則自然佳矣。

送，小指送名指過左，此上一指主來往。	送，揭向右邊去，作磔用之。	送，作磔用之，謂揭向右邊去，亦中名指運法也。右送之波皆名磔。訣云：波必磔，必三折而遣毫，其法須右揭其腕，逐勢緊超，傍筆迅磔，盡勢輕揭而暗收，在於迅疾中得之，其勢亦貴險而澀也。（「磔」也，「永」字第八筆。四字訣或以爲「拽」。）	口訣云：右送之波皆名磔，右揭其腕，逐勢緊趨，傍筆迅磔，盡勢輕揭而潛收，在勁迅得之。夫磔法筆鋒須趨，勢欲險而澀，得勢而輕揭暗收存勢，候其勢盡而磔之。

　　從《玄抄類摘》徐渭注來看，他對「七字訣」運筆法的理解確實有自己的認識，執筆本身就是爲了運筆，也就是說此七字對應五指的運筆方向與用力方式，與筆劃之間必然存在某種關聯。徐渭對其演變過程中的「二字」、「四字」也都作出過解釋。元陳繹曾《翰林要訣》對此七字也有所說明，同時還增加「拒」字成八字〔註47〕。陳繹曾的解釋與徐渭之間有分歧，但亦有很多相似處，《翰林要訣》更多指向執筆，《玄抄類摘》則指向運筆。《筆玄要旨》中的「七字訣」則是在《玄抄類摘》注的基礎上，增加了新的內容，似乎就是歸屬徐渭的理由。

　　從上表中我們可以看到《筆玄要旨》中的「七字訣」各條的第一句，基本同於《玄抄類摘》裏的注文，其後則強行嫁接《「永字八法」詳說》等內容，對筆劃的寫法作詳細的闡述，拼湊的痕跡明顯。在嫁接的過程中還參入宋桑世昌撰《蘭亭考》中的《永字八法》，如「永字第一筆」、「永字第二筆」等內容，以及《玄抄類摘》注解「二字訣」、「四字訣」的內容。因《玄抄類摘》在卷二《翰林禁經‧永字八法》條下亦收有《「永字八法」詳說》，因此說所謂《徐渭〈七字書訣〉》的內容均來自《玄抄類摘》也不爲過。在嫁接過程中是選擇性錄入，有時還顛倒原文的順序。如果說《論執管法》沒有徐渭的觀點而歸屬徐渭有些突兀，那麼這裡的「七字訣」確實有「徐渭」言論，然其原始的觀點已經被篡改得離譜，這不能不令人感慨編者鼠竊狗盜的行徑。

〔註47〕〔元〕陳繹曾《翰林要訣》，見清馮武《書法正傳》卷一，文淵閣《四庫全書》本。另有黃賓虹、鄧實輯《美術叢書》等版本。

《筆玄要旨》中《七字書訣》後續部份依然是談筆劃寫法的，基本爲《翰林密論用筆法二十四條》內容〔註48〕，這部份內容也見於《玄抄類摘》卷二，只是其編排順序被改動，其中還雜有《唐太宗筆法訣》之「亅」、「戈」、「多」三條內容。〔註49〕難道我們因此就認爲這是所謂的「徐渭用筆法」了嗎？

（3）用筆以外包含的內容及其刪減問題

《筆玄要旨》無總目，也缺少小標題，像是未經整理的筆記，但是又不完全是筆記，有很多地方顯露編者的「匠心」，如對「七字訣」的解釋等。從《筆玄要旨》刻本魚尾下「筆要」二字來看，其內容應該指嚮用筆問題，後人可能也是據此而認同「是編論書專以運筆爲主」觀點，實際上此書涉及面很廣，執筆、用筆問題總共也僅占半數左右，其他有談字法（六書）的，如「字有隸變」、「字有建類，主聲轉注爲義」；有談圖書印文的，如「秦氏璽印皆不可印，印則字皆反矣」；有品評人書法的，如「草書十二人」、「八分書五人」、「眞行書二十二人」。也有談結構的，如《歐陽率更書三十六法》，在正常的刻本中，三十六法一般用「排迭」、「避就」等字樣作爲每條開頭的總領，《筆玄要旨》則偏偏放在末端，並且以小字加注的形式出現，就有種詭異的感覺。這些內容裏，有的被過份簡省，甚至造成閱讀的障礙，如：「鍾王眉目可喜，何嘗顚倒橫豎。」〔註50〕這種缺少上下文的語句，會造成閱讀的困難。其原文見於宋劉辰翁撰《須溪集》：

> 伯好奇字，六經自劉歆傳寫外無一難字。豈可謂無奇哉！舊見魏鶴山取篆字施之行書，常笑其自苦無益。近年如楊慈湖畫「心」字，文本心畫云，字在邯鄲匍匐中，曲折愈不相似。自書學以來，鍾王眉目可喜，何嘗顚倒橫豎，自不可及，若如彼所自爲，於字體則謬，於經傳則乖，不知何所取也！〔註51〕

〔註48〕〔宋〕陳思《書苑菁華》卷二《翰林密論二十四條用筆法》，文淵閣《四庫全書》本。

〔註49〕〔明〕徐渭《筆玄要旨》，在《翰林密論用筆法二十四條》內容中間（刻本第二十九和三十頁之間）有唐顏眞卿述《張長史筆法十二意》中的「間不容光」、「密當謂際」「力謂骨體」、「益謂不足」等內容，可能是刻版時顚倒了。《四庫存目叢書》子部72冊，第859、860頁。

〔註50〕〔明〕徐渭《筆玄要旨》，《四庫存目叢書》子部71，第866頁。

〔註51〕〔宋〕劉辰翁《須溪集》卷七，文淵閣《四庫全書》本。

讀了原文，「何嘗顛倒橫豎」之意則很容易讀懂。又如《筆玄要旨》有：「《蘭溪經藏記》、《烏龍廟記》僧有交之集，書法蔽極。」〔註52〕原文出自趙孟堅《論書法》：

> 《黃庭》《賀捷》有鍾體，雖微欹側，隱然亦有牆壁。《力命表》勁利更高，學者毋但狥俗而不究本。唯《遺教經》宛然是經生筆，了無神明，決非羲筆。正如率更之玩長孫無忌面無日團團也。識此，已又識破懷仁《聖教》之流入院體也，其逸筆處，世謂之小正書。此書官告體，《蘭亭》、《玉潤》、《霜寒》諸帖即無此逸筆，不知懷仁從何取入，使後人未仿羲帖先爲此態，觀之可惡。其流於《蘭溪經藏記》、《烏龍廟記》，僧有交之集書極矣。〔註53〕

如果不聯繫上下文，沒有「經生筆」、「決非羲筆」等鋪敘。對「僧有交之集書，書法蔽極」一句，就可能會產生隔閡。

總之，《筆玄要旨》爲了自圓其說，不僅借用《玄抄類摘》的序言，也截取了部份徐渭的言論，通過重新組合編排，貌似新篇，實質上拼湊痕跡隨處可見，似更符合「文長博雅不至鄙陋若是」的判定。

結　語

《玄抄類摘》曾爲徐渭纂輯可以確定，只是不太完整，又經改編，故曾被懷疑，但其價值不僅僅體現在序論中。其加注部份體現的對書法藝術的認識與觀念亦值得我們作進一步研究的。《筆玄要旨》則是借用《玄抄類摘》的部份言論而從新組合後的偽託之書，此書甚至未曾參入徐渭文集中闡述的任何相關書學觀念的內容，可見編書者眼界亦不廣，此書與《筆道通會》編輯體例、行文方式相近，又均有秀水朱象衡參與，因此懷疑都是朱象衡所爲。《四庫全書總目提要》評明胡文煥編《格致》叢書時說：「是編爲萬曆、天啓間坊賈射利之本。雜採諸書，更易名目……意在變幻以新耳目，冀其多售。」〔註54〕《筆玄要旨》應添列其中，至於陳汝元刻《玄抄類摘》是否屬於指斥之列，可以商榷，但其借機刻《書學大成》，亦有借徐渭之名推銷書籍的嫌疑。

〔註52〕〔明〕徐渭《筆玄要旨》，《四庫存目叢書》子部71，第868頁。
〔註53〕〔明〕唐順之《荊川稗編》卷八十一，文淵閣《四庫全書》本。
〔註54〕《四庫全書總目提要》卷一百三十四，文淵閣《四庫全書》本。

後　記

　　筆者關注徐渭書畫的鑒定研究始於二十年前，憑多年學習書法的經驗，即使從印刷品圖片來看，也可以發現大量偽本，但要想說服別人卻是一件非常複雜的事情。我這樣的一個無名小卒，要改變人們對徐渭書畫風格固有的認識談何容易，在恩師的鼓勵與支持下，最終完成了碩士論文，由於比較「激進」地認爲今存署名徐渭的書畫作品大部份是贗品，因此，在碩士論文答辯的時候就遇到了麻煩。筆者並不想放棄此項研究，在讀博士的時候又繼續了這一課題，在導師的啓發下，對徐渭書畫活動及其接受的過程作較爲全面的梳理，在此基礎上的立論證可能會更有說服力，現在出版的內容就是在博士論文的基礎上進行了一些補充與修訂，筆者覺得前期研究成果尚不成熟，亦有很多問題尚需進一步的考證，本打算等修改完善了再行出版，但考慮到短期內無法完成，接受了臺灣花木蘭文化事業公司的邀約，希望得到專家學者們批評指繆後再行修訂。

　　近年來，西方藝術史研究方法在國內廣爲流行，所謂的風格分析法、圖象學研究法、文化情境研究法等研究方法拓展了我國傳統藝術研究的範圍，對推動藝術研究走向深入也起到了積極的促進作用。書畫鑒藏史研究也隨之受到了關注，其間取得的成果斐然，但書畫本體研究進步卻相當緩慢，鑒定工作更有舉步維艱之感，書畫眞僞優劣本身有見仁見智的問題，又因經歷與學識的差別，自然會出現諸多不同的鑒定方法與鑒定結果，前人成果不可謂不豐厚，但亦可能受時代條件限制而存在一些盲區。現今交通方便、展覽眾多，高清印刷圖版方便觀瞻，正是對古代書畫進行重新梳理與研究的大好時機，借助這樣一種便捷，筆者在這一領域不斷深入的過程中發現，類似書畫

家作品風格遭受「影蔽」的問題似乎超出原有的預期，筆者新近研究的課題《明代蘇州地區書畫作僞研究》就再一次遇到了棘手的標準件難以確定的問題，如唐寅的《落花詩冊》有四個版本，有優劣之分，但孰是孰非卻很難抉擇，其所謂的代表性作品如《貞壽堂圖》、《孟蜀宮妓圖》等都可能是贋品。筆者在參加「葦間飛鴻──邊壽民誕辰 330 週年學術研討會」時，對邊壽民作品進行梳理，竟然發現其作品標準件亦需要重新核定。如果這些問題不能得到應有重視，定會影響書畫研究的進程。

再次感謝我的恩師黃惇先生，先生書法篆刻創作和藝術史研究領域取得的成就，都是我羨慕和崇拜的，我雖不能至，然心嚮往之，還要感謝先生爲我的博士論文出版題簽。也要感謝王星琦教授，他是我碩士論文的答辯導師，也是我博士論文的答辯主席，更是我論文寫作的積極支持者，本書的出版他還賜我以序言，言辭之中厚愛有加，本人勤勉不足，實難相副，姑且作爲一種鞭笞。

還要感謝碩、博期間的任課老師、論文開題與答辯老師，以及在論文寫作過程中請教過的老師，以及交流、幫助過我的朋輩、道友、同學等！也感謝花木蘭文化事業公司邀約出版！對他們致以至誠的謝意！

丁酉中秋於文石書館　賈硯農